Slut med Windows!

Ralf-Peter Kleinert

Boken:

Jag hade mina första datorupplevelser med MSDOS och Commodore C64 med hjälp av BASIC. Sedan bevittnade jag födelsen av Windows i Förbundsrepubliken Tyskland, och mitt första Windows var Windows 3.1, som fortfarande var baserat på DOS. Windows 95 var också fortfarande ett DOS-baserat system.

Under åren har jag utfört otaliga installationer från Windows 3.1 till Windows 11 – ofta eftersom jag hade kraschat operativsystemet genom att pilla under huven. Det har varit en fantastisk resa fram till idag. Men nu är Windows och datorer inte längre tekniska apparater som endast används av nördar. Datorer har växt till system som formar världens utveckling.

Livsmedelsproduktion, sjukvård, teknologisk utveckling och till och med krigföring – utan datorer är vårt samhälle inte längre livskraftigt. Men den här boken kommer bara kort att beröra dessa ämnen. Först vill jag visa individer sätt att hålla sina data så privata som möjligt, även idag. Och Windows blir alltmer olämpligt när det gäller att hålla dina data i egna händer.

Jag vill introducera dig till ett alternativ till Windows som erbjuder enorma fördelar. För enkelhetens skull och en smidig övergång från Windows till Linux har jag valt att presentera den mycket populära och vitt använda Linux Mint, baserad på det mycket stabila Debian. Fördelarna är tydliga: Detta open-source-system utvecklas av ett community, inte av ett vinstdrivande företag. Det finns inga dolda koddelar som kan förbises av communityt. Du har full kontroll över dina data, inga obligatoriska konton, utmärkt stabilitet och alternativ för varje Windows-programvara. Det bästa är att allt är gratis!

Idag vet ingen av oss vart resan till slut kommer att leda, vare sig med Windows eller Linux. Men 2024, när det gäller datasekretess, kostnadsbalans och datasuveränitet, finns det inget bättre alternativ än Linux. Enkelt uttryckt, om du vill att dina data ska förbli dina egna år 2024, är Linux vägen att gå. Vad kommer att hända i framtiden? Låt oss vänta och se – det kommer att bli spännande!

Författaren:

Ralf-Peter Kleinert, född i januari 1981 i Hennigsdorf nära Berlin, en sann DDR-medborgare. Sedan Commodore C64 kom ut lärde jag mig allt om datorer som jag kunde få tag på.

Det vackra med det var att jag fick bevittna hela utvecklingen – från de tröga klumpiga maskinerna till kraftpaketet som sitter under mitt skrivbord idag. En smartphone, till exempel, överträffar alla datorer från den tiden. Min kunskap om datorer och min drivkraft att lära mig ledde mig djupare och djupare in i ämnet.

Nu bloggar jag en del av min kunskap på webbplatser och skriver denna bok. Programmen förbättrades och internet kom fram. Idag använder jag det främst som Social Media Manager. Som IT- och dataexpert sedan Windows 95 kan jag blicka tillbaka på många år fyllda med "datorproblem". Jag tror att det är just på grund av problemen som datorer orsakar som experter kan växa från första början.

När sociala nätverk började med Web 2.0 fick allt lärande plötsligt en djupare mening. Att sitta ensam i ett rum var ett minne blott. Plötsligt var datorer nätverkade och kommunikation med människor började, istället för att bara hantera en hög disketter. Jag visste knappt om det fanns många likasinnade innan. Först möttes bara nördar online, och de blev ibland hånade eller förlöjligade. Idag är nätverkande normalt eftersom nästan alla är online.

Från 2010 till 2012 slutförde jag min önskade utbildning som mediedesigner på Silicon Studio Berlin. Här kunde jag befästa och utöka min kunskap. Eftersom jag också hade erfarenhet av fotografi fullföljde jag dessutom en praktik på "One I A Fotostudio." Fotografi är en viktig aspekt av social media management och fördjupade ytterligare mina färdigheter inom detta område.

Mina certifieringar inkluderar:

IT-säkerhet – Skydd för små och medelstora företag och startups

Nätverksteknik, Nätverkssäkerhet och Wireshark
Cybersäkerhet – Skydd mot hackerattacker
Linux-brandvägg med Fail2Ban mot brute-force-attacker
Den kompletta SQL-masterclassen
Linux-administration och systemhantering
Installera, konfigurera och använda Nextcloud med Linux Ubuntu
Microsoft Azure-administratör
Microsoft 365 Security-administratör
Microsoft 365 Identitet och tjänster
Industriell cybersäkerhet 2024
Etisk hacking med Kali Linux
Microsoft Active Directory Windows Server 2022

Ytterligare utbildning inom:

Datornätverk (CompTIA Network+)
Datasäkerhet (CompTIA Security+)

Slut med Windows!

Nu kommer Linux!

av

Ralf-Peter Kleinert

Upplaga 2 - 2024

© 2024 All rights reserved.

Pocketbok
KDP-ISBN: 979-8336352580

Skrift: Vollkorn
Cover: Ralf-Peter Kleinert / Adobe Photoshop

Alla varumärken och produktnamn är varumärken som tillhör respektive ägare.

ralf-peter-kleinert.de
kontakt@ralf-peter-kleinert.de

Innehållsförteckning

1. Inledning — 1

2. Varför byta från Windows till Linux? — 2
2.1 Personliga anteckningar — 6

3. Världsomfattande IT-utbrott den 19 juli 2024 — 8
3.1 Personliga anteckningar — 8

4. Vill jag avslöja mina data? — 10
4.1 Personliga anteckningar — 15

5. Internetproblem — 17
5.1 Personliga anteckningar — 21

6. Risker med molnet — 23
6.1 Personliga anteckningar — 31

7. Energiförbrukning av molnet — 33
7.1 Personliga anteckningar — 35

8. Fördelar med tyska molntjänster — 37
8.1 Personliga anteckningar — 40

9. Ionos tyska moln, HiDrive — 42
9.1 Personliga anteckningar — 44

10. Slut på utflykten om molnet — 46
10.1 Personliga anteckningar — 49

11. Windows 11 datagirighet — 51
11.1 Eigene Dateien — 55

12. Vad samlar Windows för data? ... 57
12.1 Webbläsardata ... 58
12.2 Dina inmatningar ... 59
12.3 Produkt- och tjänsteprestanda ... 61
12.4 Användning av produkter och tjänster ... 62
12.5 Dina installerade program och mjukvara ... 64
12.6 Din plats ... 65
12.7 Hitta min enhet ... 67
12.8 Se den insamlade datan ... 69
12.9 Personliga anteckningar ... 70

13. Herregud, och sedan? ... 72
13.1 Personliga anteckningar ... 74

14. Vad är Linux ... 76
14.1 Spridning av Linux ... 80
14.2 Linux och Användarvänlighet ... 82
14.3 Linux och Hårdvarukrav ... 85
14.4 Personliga anteckningar ... 88

15. Kan Linux göra vad Windows kan? ... 90
15.1 Linux Desktop Spridning ... 93
15.2 Personliga anteckningar ... 96

16. Tack så mycket hittills ... 98
16.1 Personliga anteckningar ... 101

17. Byta från Windows till Linux Mint ... 103
17.1 Vad är Linux Mint? ... 103
17.2 Personliga anteckningar ... 111

18. Förberedelse för omställningen ... 113
18.1 Vad du behöver ... 113

18.2 Säkerhetskopiering av data	115
18.3 Backup och Full Backup av Windows	116
18.4 Personliga anteckningar	118

19. Ladda ner Linux Mint och Rufus — 120
19.1 Skapa en Linux Mint Bootstick	120
19.2 Starta Linux som ett Live-system	123
19.3 Förberedelse av hårdvaran	126
19.4 Personliga anteckningar	127

20. Min rekommendation Live-läge — 129
20.1 Personliga anteckningar	133

21. Slut på de grundläggande förberedelserna — 135
21.1 Personliga anteckningar	136

22. Installera Linux Mint — 138
22.1 Utföra en Komplett Installation	140
22.2 Personliga anteckningar	149

23. Välkommen efter installationen — 151
23.1 Första uppgift: Uppdateringar	151
23.2 Andra uppgiften: Systemavbilder	156
23.2.1 Ställa in Timeshift-avbilder	158
23.2.2 Sammanfattning av Snappbilder	169
23.2.2.1 Personliga anteckningar	171
23.3 Tredje Uppgift: Drivrutinsadministration	173
23.4 Fjärde Uppgift	177
23.5 Femte Uppgift: Programhantering	177
23.5.1 WINE Wine Is Not an Emulator	185
23.5.2 Windows på Linux VirtualBox VMWare	187
23.6 Sammanfattning Välkomstskärm	190
23.7 Sjätte uppgift: Skrivbordsfärger	192
23.8 Personliga anteckningar	199

24. Säkerhetskopieringsverktyg — 201
24.1 Personliga anteckningar — 205

25. Bättre säkerhetskopieringssystem DejaDup — 207

26. Program som kan behövas — 209
26.1 Databackup DejaDup — 211
26.2 Personliga anteckningar — 213
26.3 Musikspelare Clementine — 215

27. Shell Command Line — 217

28. Shell Kommandona — 221
28.1 Filsystem — 224
28.2 Hantera Filer, Kataloger — 225
28.3 Filbehörigheter, Filegenskaper — 227
28.4 Filsystemskontroll, Filsystemreparation — 228
28.5 Systeminformation och Hantering — 235
28.6 Programhantering — 235
28.7 Användarhantering — 236
28.8 Systemövervakning och kontroll — 236
28.9 Egna Shell-kommandon — 237
28.10 Mina Shell-kommandon 1 — 238
28.11 Mina Shell-kommandon 2 — 240
28.12 Mina Shell-kommandon 3 — 242
28.13 Shellkommandoreferenser — 244

29. Linux Mint Webbresurser — 246
29.1 Tysk Installationsguide — 249
29.2 Personliga anteckningar — 251

30. Tuhl Teim DE — 253
30.1 Vad är Tuhl Teim? — 253

31. Bok sammanfattning   **261**
31.1 Ett sista tips till dig   264

32. Historien om Windows   **267**

33. Historien om Linux   **271**

34. Datorns Historia   **275**

35. Tack   **279**

36. Andra böcker av mig   **281**

37. Ansvarsfriskrivning   **282**

1. Inledning

Hej kära läsare,

I den här boken vill jag ta med dig på en spännande resa, bort från Windows-världen till en ny, öppen och flexibel miljö: Linux. Bytet från ett etablerat operativsystem som Windows kan verka utmanande vid första anblicken, men jag är övertygad om att du efter att ha läst den här boken kommer att vara utrustad med den kunskap och det självförtroende som behövs för att lyckas med detta steg.

Tillsammans kommer vi att utforska de många aspekterna av Linux, från installation till vardaglig användning, och visa hur du med detta kraftfulla operativsystem kan omdefiniera din datorupplevelse. Mitt mål är inte bara att förmedla de tekniska grunderna utan också att närmare introducera dig till filosofin och friheten som Linux erbjuder. Var redo för en förändring – slut med Windows, nu kommer Linux!

Med vänliga hälsningar,
Ralf-Peter Kleinert
Vänligen betygsätt denna bok efter att du har läst den; bara då kan jag förbättra något.

2. Varför byta från Windows till Linux?

På grund av dataskydd och säkerhet. Så enkelt kan jag sammanfatta det.

Viktig tips: Handla aldrig ogenomtänkt eller förhastat. Även om beslutet att byta från Windows till Linux redan är fattat! Börja aldrig med att »döda Windows« innan du har gått igenom kapitel 18!

Jag har använt Windows sedan version Windows 3.1. Då, när datorer fortfarande var exotiska, var det allt extremt intressant och absolut spännande. Men med åren utvecklades Microsoft till en girig databläckfisk. Idag har vi kommit till en punkt där dataskydd spelar en central roll vid valet av operativsystem. Därför informerar jag här i min nya bok »Linux istället för Windows« om nackdelarna med Windows och de motstående fördelarna med Linux. Det är tydligt att båda systemen har fördelar och nackdelar – men om du säger: »Datan tillhör mig,« sticker en kandidat ut negativt.

Windows, som utvecklats av Microsoft och för närvarande är det mest använda slutanvändaroperativsystemet världen över, erbjuder många funktioner och är installerat på otaliga datorer. Men trots sin popularitet och mångsidighet finns det betydande integritetsproblem som användare bör beakta. I min bok belyses de viktigaste nackdelarna med Windows när det gäller integritet, inklusive krav på konto, integration av OneDrive, virusbenägenhet och uppdateringsproblem.

En central nackdel med Windows inom området dataskydd är det så kallade kontokravet. Sedan Windows 8 har Microsoft alltmer tryckt på att användare ska logga in med ett Microsoft-konto för att kunna utnyttja operativsystemets fulla potential. Detta krav på att skapa ett konto väcker betydande dataskyddsproblem, eftersom Microsoft får tillgång till en mängd personlig data. Det inkluderar e-post, kontakter, kalenderdata och även inställningar och preferenser som synkroniseras över olika enheter. Denna centrala datalagring innebär risken att känslig information samlas in och eventuellt används utan användarnas vetskap eller samtycke. Microsoft kan inte trovärdigt hävda att denna känsliga data inte används för andra tjänster eller för utveckling av andra tjänster.

En annan betydande kritik är integrationen av OneDrive, Microsofts molnlagringstjänst, som ofta aktiveras utan uttryckligt användarsamtycke. Filer och dokument laddas automatiskt upp till molnet, vilket inte bara äventyrar dataskyddet utan också begränsar, ofta helt, användarnas kontroll över sina egna data. Särskilt i miljöer där känslig eller konfidentiell information behandlas kan denna automatiska synkronisering utgöra en betydande säkerhetsrisk. Dessutom vet vi nu att alla data som laddas upp till molnsystem läses och analyseras. Om det finns data som blockeras av Microsofts filter, kan konton spärras och data kan gå förlorad för alltid.

Dessutom är Windows känt för sin virusbenägenhet. På grund av dess spridning är operativsystemet ett attraktivt mål för skadlig kod och hackerattacker. Dessa hot kan leda till att personlig och konfidentiell data stjäls eller komprometteras. Trots kontinuerliga säkerhetsuppdateringar och integrerade skyddsmekanismer kvarstår risken, särskilt för användare som inte regelbundet installerar säkerhetsuppdateringar eller använder extra skyddsprogram.

Ett annat problem är de frekventa och ibland problematiska uppdateringarna av Windows. Microsoft genomför regelbundet uppdateringar för att täppa till säkerhetshål och förbättra operativsystemets prestanda. Dessa uppdateringar har dock ofta oväntade bieffekter som kan påverka systemets stabilitet. Ännu värre är att vissa uppdateringar utförs utan föregående meddelande eller användarsamtycke, vilket kan leda till oväntade omstarter och dataförlust. Detta uppdateringsproblem utgör inte bara ett besvär utan kan också äventyra användarnas säkerhet och integritet om oplanerade systemändringar leder till nya säkerhetsbrister.

Det framgår dagligen att Windows, trots sina många fördelar och omfattande användning, har betydande nackdelar när det gäller integritet. Kravet på konto, den tvångsmässiga integrationen av OneDrive, sårbarheten för virus och skadlig kod samt problematiska uppdateringar utgör allvarliga risker för användarnas integritet och säkerhet. Det är därför viktigt att användare är medvetna om dessa risker och vidtar lämpliga åtgärder för att skydda sina data. Detta inkluderar användning av extra säkerhetsprogram, noggrann hantering av molntjänster och regelbundet granskande och justering av operativsystemets sekretessinställningar. Allt detta leder till en hel kedja av ytterligare nackdelar: ständig, till och med daglig vaksamhet och kontroll, betald extra mjukvara och daglig risk för total systemkollaps. Och detta är ingen enbart påstående. Hela system kan bli obrukbara över en natt genom felaktiga uppdateringar. Enligt min åsikt har Microsoft förlorat kontakten med kärnan och är inte längre medveten om sin ställning i världen. Microsoft, enligt min uppfattning, utgör ett betydande säkerhetsproblem för hela världen och bör inte tillåtas att agera som ett vinstdrivande företag utan statlig tillsyn.

2.1 Personliga anteckningar

Personliga anteckningar

3. Världsomfattande IT-utbrott den 19 juli 2024

Det rapporterades överallt i nyheterna, med början den 19 juli 2024, att det inträffade ett massivt haveri efter en felaktig uppdatering av en Windows säkerhetsprogramvara från företaget Crowdstrike. Jag vill inte gå in på detaljerna om tillverkarens problem här, eftersom all information kan hittas på nätet.

Samtidigt föll 365-tjänsterna, Outlook, Teams och andra ner i Tyskland, Storbritannien, Spanien, USA och Indien. Det fullständiga omfånget är fortfarande inte kvantifierat. Banker, sjukhus, företag, privatpersoner och flygplatser – allt "gick ner." Jag har ofta lagt upp på Facebook, Instagram och LinkedIn att denna dag skulle komma. Jag säger alltid när jag pratar med någon teknisk support, som den från Telekom, WhatsApp-Sim eller Freenet-TV, följande mening: "Människan förlorar kontrollen över sin teknologi!"

3.1 Personliga anteckningar

Personliga anteckningar

4. Vill jag avslöja mina data?

Med tanke på alla de negativa aspekterna som Windows, eller snarare företaget Microsoft bakom Windows, medför, bör alla fråga sig själva: »Vill jag detta?«

Jag kommer nu att ställa många »Vill jag ...« frågor för att helt enkelt visa vilka frågor du verkligen bör ställa dig själv.

Vill jag överlämna alla mina data till Microsoft? Vill jag att Microsoft ska diktera vilka program eller appar jag får använda? Vill jag att Microsoft utan att fråga mig gör programvaruförändringar på min PC eller laptop? Vill jag se annonser i startmenyn? Vill jag se annonser i mappar och i inställningar? Vill jag bli förmyndarstyre av Microsoft?

Vill jag att Microsoft installerar AI-system på min PC? Vill jag att dessa AI-system fotograferar min skärm dygnet runt? Vill jag att Microsoft ska tillhandahålla ett backupsystem som enbart syftar till att flytta mina data till molnet? Vill jag att mina filer, foton och videor ska överföras till molnet och potentiellt läsas, granskas och användas för att träna AI-system av Microsoft och kanske även tredje part? Vill jag fortsätta att ta risken med problematiska och dåligt testade uppdateringar?

Vill jag placera min e-posttrafik, dokument och filer i ett moln som bär risken för driftstopp? Vill jag att Microsoft ska fortsätta arbeta på att flytta hela min PC till molnet? Vill jag överlämna alla mina data?

Sedan finns det några andra frågor du bör ställa dig: Kan jag leva med att inte ha tillgång till mina data eftersom...

... internetet inte fungerar igen?
... Microsoft-molnet kraschar igen?
... internetet helt enkelt är för långsamt?
... Microsoft ogillar något med mina data?
... Microsoft blir hackat igen?
... mitt Microsoft-konto blir hackat?

Vill jag fortsätta betala för programvara och betala för att använda Microsofts tjänster?

Om du kan svara »Ja« på alla dessa frågor, då behåll Windows. Men om du har funderingar och känner att det kanske inte är så bra att flytta alla dina data till molnet och villigt överlämna dina data till Microsoft och andra, då låt oss utforska vilka alternativ som är tillgängliga idag.

Eftersom Windows är känt för att samla in allt fler användardata, införa obligatoriska konton och allt mer flytta sina system till molnet, är frågan: Vill du verkligen detta? Vill du att alla dina personliga data ska lagras någonstans på internet på servrar som är tillgängliga för Microsoft och potentiellt tredje parter, som hackare? Denna utveckling väcker inte bara etiska utan även säkerhetsmässiga oro som är värt att undersöka noggrant.

Den digitala världen vi lever i idag präglas av ständig uppkoppling och drivkraften att flytta mer och mer data till molnet. Denna centraliserade lagring kan verka bekväm vid första anblicken – du kan få tillgång till dina filer var som helst, dina inställningar synkroniseras och din programvara är alltid uppdaterad. Men alla dessa fördelar kommer till ett högt pris: kontroll över dina egna data. Med varje klick, med varje användning av en molnbaserad tjänst ger du upp en del av denna kontroll och överlämnar den till ett företag vars affärsmodell inte nödvändigtvis stämmer överens med dina intressen.

Ännu mer oroande är förflyttningen av system och data till molnet. Dina personliga data – vare sig det är dokument, foton, e-post eller till och med hela din datoromgivning – lagras på servrar som du varken kan se eller kontrollera. Dessa servrar finns ofta i datacenter som är spridda över hela världen och omfattas av de lokala lagarna i de aktuella länderna. I många fall innebär detta att dina data är föremål för andra staters lagstiftning och verkställighetsbefogenheter, vilket kan leda till en förlust av integritet och ökad risk.

Ett annat problem är säkerheten. Servrar som lagrar stora mängder data är ett attraktivt mål för hackare. Även om företag som Microsoft investerar stora resurser i att säkra sina system, finns det ingen garanti för att dina data i molnet är säkra. Dataintrång, ransomware-attacker och andra cybersäkerhetshot är utbredda, och även de största och mest säkra företagen är inte immuna mot sådana attacker. Om en sådan attack lyckas kan dina data bli stulna, raderade eller missbrukade – med potentiellt förödande konsekvenser för din personliga och professionella säkerhet.

Dessutom bör du överväga vad som händer med dina data när de väl är lagrade i molnet. Det finns ingen fullständig transparens om hur dina data används.

Även om de flesta användare antar att deras data bara lagras, finns det indikationer på att vissa företag också använder dessa data för andra syften. Ett särskilt kontroversiellt ämne är användningen av data för träning av artificiell intelligens (AI). AI-system kräver enorma mängder data för att lära sig och förbättras, och de data du laddar upp till molnet skulle teoretiskt kunna användas för att träna sådana system. Även om detta kan förbättra tjänsterna, väcker det allvarliga frågor om integritet och kontroll över din personliga information.

Alla dessa utvecklingar leder till en central fråga: Vill du verkligen detta? Vill du verkligen att ett företag som Microsoft – eller något annat företag – ska ha så djup insikt i ditt personliga och digitala liv? Vill du verkligen att dina data ska lagras på servrar som du inte har direkt tillgång till och vars säkerhet du inte kan övervaka själv? Riskerna med att lagra dina data i molnet är betydande, och det är viktigt att du förstår dessa risker innan du väljer en sådan väg.

Beslutet om huruvida du ska fortsätta använda Windows och acceptera alla dessa bekymmer eller välja ett alternativ som Linux är upp till dig. Men det är ett beslut som bör vara väl genomtänkt. Linux erbjuder dig möjlighet att återfå kontrollen över dina data och din digitala miljö. Det ger dig friheten att skydda din integritet och konfigurera dina system på det sätt du vill – utan det ständiga trycket att avslöja din personliga information. I en värld som alltmer domineras av makten hos ett fåtal stora företag är denna frihet ovärderlig.

Eftersom du redan har köpt boken antar jag att beslutet i princip redan är fattat. Men du kanske ännu inte vet exakt hur du ska genomföra en smidig övergång. I den här boken erbjuder jag dig en direkt övergång från Windows till Linux Mint. Varför? Det svarar jag på i nästa kapitel.

4.1 Personliga anteckningar

Personliga anteckningar

5. Internetproblem

I Tyskland upplever människor ständigt bristerna i internetinfrastrukturen på nära håll. Om det så är genom långsamma hastigheter, instabila anslutningar eller till och med omfattande avbrott – problemen med internet är en ständig irritation. Regioner som har blivit efter i bredbandsutbyggnaden har ofta särskilt dåliga anslutningar. Men även i stadsområden, där täckningen teoretiskt borde vara bättre, finns det ofta svagheter. I en digitaliserad värld där vi i allt högre grad förlitar oss på internet är detta inte bara en olägenhet utan kan ha allvarliga konsekvenser.

Dessa problem blir ännu mer allvarliga när man överväger att naturkatastrofer som översvämningar, stormar eller kraftigt snöfall kan helt slå ut nätverket. Sådana händelser är inte bara tillfälliga störningar; de kan göra internetåtkomst omöjlig i dagar eller till och med veckor. De senaste översvämningarna i olika delar av Tyskland har visat hur snabbt infrastrukturen kan kollapsa. Vägarnas översvämning, strömavbrott och givetvis var även internet påverkat. I sådana situationer står människor på egen hand, utan tillgång till viktiga onlinetjänster som spelar en central roll i deras vardag.

När dina data är lagrade i molnet och nätverket faller ut, vare sig det beror på infrastrukturella brister eller naturkatastrofer, förlorar du åtkomsten till dessa data. Ett enkelt exempel: Det räcker att sitta i en tunnelbana i Berlin för att uppleva de dagliga problemen som följer med beroendet av molnbaserade tjänster. Under marken är nätverksdäckningen ofta bristfällig eller helt obefintlig. Plötsligt kan du inte längre komma åt dina dokument, foton eller e-post eftersom de ligger på en fjärrserver som bara är tillgänglig via internet. Detta kanske verkar som en liten irritation vid sådana tillfällen, men omfattningen av detta problem blir uppenbar när beroendet av molntjänster utvidgas till hela operativsystemet.

Med den ökande införandet av molnbaserade operativsystem som Windows 365 blir denna problematik ännu mer brådskande. Om hela operativsystemet ligger i molnet och internet faller ut, är du helt handlingsförlamad. Din dator blir en dyr men värdelös elektronisk apparat som inte fyller någon funktion utan en anslutning till molnet. För privata användare kan detta redan vara tillräckligt irriterande, men för företag kan det vara existentiellt hotande. Företag som är beroende av ständig tillgång till sina system kan i värsta fall tvingas att helt stänga ner sin verksamhet om de förlorar tillgången till sina IT-system.

Tanken att ens företag skulle lamslås för att en internetanslutning bryts är oroande. Det räcker att se på de globala avbrotten hos stora molnleverantörer, som vi nästan dagligen påverkas av, även om de ofta bara nämns i förbifarten i nyheterna. Sådana avbrott kan orsakas av en mängd faktorer – tekniska fel, cyberattacker eller helt enkelt mänskliga misstag. Varje gång ett sådant avbrott inträffar påverkas miljontals användare som plötsligt inte längre har tillgång till sina data och tjänster. Detta påverkar inte bara stora företag utan även små och medelstora företag som är beroende av molntjänster för att utföra sitt dagliga arbete.

Riskerna med detta ökande beroende av molnet är betydande. När dina data och applikationer enbart är lagrade i molnet, ger du kontrollen över ditt digitala liv till tredje parter. Du är beroende av att internet är tillgängligt hela tiden och överallt – en förutsättning som tyvärr inte uppfylls i många delar av Tyskland. Dessutom är din arbetssäkerhet beroende av stabiliteten och säkerheten hos de servrar där dina data är lagrade. Ett avbrott eller en störning kan ha långtgående konsekvenser bortom bara produktivitetsförlust.

Med tanke på alla dessa faktorer blir det tydligt att beroendet av molnbaserade lösningar som Windows

365 innebär allvarliga risker. Dessa risker bör inte tas lättvindigt. Även om molnet definitivt erbjuder många fördelar är det viktigt att inte ignorera de utmaningar och potentiella faror som är förknippade med det. Det handlar om att hitta en balans mellan bekvämlighet och kontroll och vara medveten om att valet av en molnbaserad infrastruktur kan ha långtgående konsekvenser.

I det här sammanhanget erbjuder Linux ett attraktivt alternativ. Med Linux behåller du kontrollen över dina data och ditt operativsystem. Du är inte tvungen att förlita dig på en ständig internetanslutning, och dina data förblir på din egen enhet, där du kan hantera och skydda dem direkt. Även under tider när internet är nere kan du fortsätta att arbeta produktivt och komma åt dina data eftersom de är lagrade lokalt. Denna oberoende är särskilt värdefull i en värld där internetåtkomst är långt ifrån garanterad.

I slutändan står frågan: Vill du förlita dig på en infrastruktur som ligger utanför din kontroll i en alltmer osäker digital värld? Eller vill du ta ansvar för dina data och ditt arbete själv och njuta av den frihet som ett operativsystem som Linux erbjuder? Svaret på denna fråga kan vara avgörande för hur du formar din digitala framtid.

5.1 Personliga anteckningar

Personliga anteckningar

6. Risker med molnet

Den ökande överflyttningen av data till molnet framställs ofta som bekväm, flexibel och modern. Företag och privatpersoner värdesätter de fördelar som molnbaserade tjänster erbjuder: från enkel samarbete över olika platser till automatisk säkerhetskopiering av filer och system. Men dessa bekvämligheter kommer inte utan risker. Ett ofta förbises problem är vad som händer med dina data om en molnleverantör går i konkurs, blir hackad eller köps upp av ett annat företag – scenarier som redan har inträffat och kan ha potentiellt katastrofala konsekvenser.

Föreställ dig att du har överlämnat hela ditt digitala liv till en molnleverantör. Alla dina dokument, foton, affärsdata och kanske till och med ditt dators operativsystem är lagrade i molnet. Du litar på att dessa data är säkra och alltid tillgängliga. Men vad händer om leverantören du har anförtrott dessa data plötsligt får ekonomiska problem och måste begära konkurs? Tidigare har vi sett molnleverantörer som plötsligt måste stänga sina tjänster, vare sig det beror på ekonomiska problem eller ett drastiskt säkerhetsincident. Om detta händer kan tillgången till dina data gå förlorad över en natt. I värsta fall kan dina data till och med bli oåterkalleligen raderade eftersom det inte finns någon plan för att återställa dem om leverantören stänger ner sin verksamhet.

Ett annat scenario som blir allt mer sannolikt är ett storskaligt hackerangrepp mot en molnleverantör. Sådana angrepp kan ha förödande konsekvenser, särskilt om de resulterar i att data krypteras och hålls som gisslan. Ett framträdande exempel på detta är attacken mot Code Spaces 2014. Hackare fick tillgång till företagets Amazon Web Services (AWS) konton och krypterade alla data. Efter att företaget inte kunde betala den begärda lösensumman raderades data oåterkalleligen, vilket slutligen ledde till Code Spaces konkurs. Kunder som hade lagrat sina data i detta moln förlorade allt – inte bara sina data utan också sitt förtroende för säkerheten hos molntjänster. Sådana fall visar att även de mest ansedda molnleverantörerna inte är immuna mot cyberattacker och att konsekvenserna för användarna kan vara allvarliga.

Men även om en leverantör inte går i konkurs eller blir hackad, finns det en annan risk: företagsuppköp. I den snabbföränderliga teknikbranschen är det vanligt att ett företag köper ett annat. När detta händer kan data överföras från en leverantör till en annan, ofta över nationsgränser och utan att användarna får omfattande information. Detta kan leda till att dina data plötsligt lagras i ett land med helt andra dataskyddslagar, där de kan vara mindre skyddade än tidigare. Du skulle till exempel kunna föreställa dig att en europeisk molnleverantör köps upp av ett amerikanskt företag. Plötsligt kan dina data vara föremål för de mindre stränga amerikanska dataskyddslagarna, och utan din vetskap eller samtycke.

Ännu mer oroande är det faktum att dessa överföringar ofta sker på ett otransparent sätt. Du kanske aldrig får veta att dina data har flyttats från en leverantör till en annan förrän det är för sent. Du kanske inte heller har något sätt att motsätta dig denna överföring eller att säkra dina data innan de flyttas. Detta väcker allvarliga frågor om kontrollen och säkerheten för dina personliga och affärsmässiga informationer. Kan du vara säker på att dina data i ett främmande land är lika väl skyddade som i ditt hemland? Kan du vara säker på att den nya leverantören upprätthåller samma säkerhetsstandarder som den ursprungliga? Denna osäkerhet är en betydande risk som ofta underskattas.

Låt oss jämföra denna situation med något vardagligt: skulle du helt enkelt lämna din plånbok på en hektisk tågstation och förvänta dig att den förblir säker? Förmodligen inte. Du skulle oroa dig för att någon skulle hitta den och ta den utan att du någonsin får veta det.

På samma sätt gäller det med dina data i molnet. När du överlämnar dina data till en tredje part förlorar du den direkta kontrollen över vem som kan få åtkomst till dem, när och hur. Du kanske inte vet vem i vilket land som lagrar, bearbetar eller till och med säljer vidare dina data. Och precis som med plånboken på stationen kan dina data hamna i händerna på någon som missbrukar dem utan att du märker det.

Tanken på att dina känsliga uppgifter – oavsett om det är personliga dokument, ekonomiska data eller affärskritisk information – lagras i molnet utan att du exakt vet vem som kan få tillgång till dem eller var de är lagrade, bör få dig att tänka kritiskt. Bekvämligheten och enkelheten som molntjänster erbjuder bör inte överskugga de betydande säkerhets- och kontrollrisker som de medför. Dessa risker blir ännu större när du befinner dig i en situation där leverantören går i konkurs, blir hackad eller övergår till ett annat land med andra lagar.

Så om du undrar om det verkligen är säkert att lagra dina data i molnet, bör du också tänka på hur lite kontroll du faktiskt har över dessa data. Ett alternativ till denna osäkra modell är att återta kontrollen över dina egna data – till exempel genom att använda ett lokalt operativsystem som Linux, där dina data förblir på din egen hårdvara. Här har du full kontroll över vem som kan komma åt dina data, när och hur, och du är inte utsatt för osäkerheten hos en instabil eller osäker molnleverantör.

I en värld där data blir allt mer värdefullt bör du noga överväga vem du anförtro dina digitala skatter. Förlusten av kontroll över dina egna data kan ha långtgående konsekvenser som går långt bortom att förlora en plånbok. Det handlar om säkerhet, konfidentialitet och slutligen suveränitet över din egen information. Genom att lagra dina data lokalt och förlita dig på lösningar som ger dig kontroll kan du säkerställa att du kan sova lugnt i en alltmer sammankopplad värld – med vetskapen om att dina digitala tillgångar är säkra och skyddade.

En särskilt kritisk blick bör riktas mot de största molnleverantörerna världen över: Google, Amazon, Facebook och Microsoft. Dessa teknikjättar har sitt huvudkontor i USA, ett land vars dataskyddslagar är mycket mindre stränga än de i Europeiska unionen. Detta är ingen oviktig skillnad, utan en faktor som kan ha stora konsekvenser för hur dina personliga och affärsdata hanteras. Det faktum att dessa företag har nästan fri hand när det gäller att använda dina data underskattas ofta – och ändå är det just detta som händer varje dag.

Dessa amerikanska företag verkar i en juridisk miljö som ger dem omfattande frihet i användning, analys och utnyttjande av användardata. Medan dataskyddslagar som GDPR i EU försöker skydda medborgarnas integritet är regleringarna i USA mycket mer slappa. Detta ger stora teknikföretag möjlighet att samla in och bearbeta data som de vill. Och de utnyttjar detta till fullo.

Trots dessa slappa dataskyddspraxis njuter Google, Amazon, Facebook och Microsoft förtroende från miljontals, om inte miljarder människor världen över. Dessa företag har lyckats positionera sig som oumbärliga tjänsteleverantörer – vare sig det är genom sökmotorer, sociala nätverk, e-handelsplattformar eller molnbaserade programvarulösningar. Många människor använder deras tjänster dagligen, ofta utan att vara fullt medvetna om hur djupt dessa företag griper in i deras privata och professionella data. De erbjuder till synes gratis eller billiga tjänster, men det verkliga priset som användarna betalar är förlusten av kontroll över sina data.

Slut med Windows!

Ett särskilt problematiskt aspekt är den omfattande dataanalys som dessa företag genomför. De möjligheter som står till deras förfogande är mycket mer avancerade än något som även erfarna teknikspecialister i EU skulle kunna drömma om. Varje e-post, varje dokument, varje bild som laddas upp till molnet filtreras, analyseras och katalogiseras. Denna analys görs inte bara för att förbättra tjänsten eller visa personligt anpassad reklam, utan också för att skapa omfattande användarprofiler som kan användas för olika syften – från marknadsundersökningar till politisk påverkan.

Problemet är att dessa processer är varken transparenta att följa upp eller effektivt möjliga att förhindra från EU. Medan GDPR försöker reglera och kontrollera dataflödet till USA, visar praktiken att det är nästan omöjligt för användare att veta exakt vad som händer med deras data när de lämnar Europas gränser. Dessutom omfattar villkoren och integritetspolicyn hos dessa företag ofta hundratals sidor och är skrivna på ett språk som är svårt även för experter att förstå. Dessa dokument är utformade för att vara så komplicerade och omfattande att de flesta användare helt enkelt accepterar dem utan att läsa dem. Genom att göra detta ger de sitt samtycke till metoder de inte ens i närheten av att förstå.

Det är bara en tidsfråga innan många människor och företag kommer att ångra att de flyttat alla sina data till molnet. För när de väl har gett upp kontrollen över sina data är de utsatta för besluten och metoderna hos dessa stora företag. Om de juridiska ramarna ändras eller om dessa företag beslutar att ändra sina affärsmodeller, kan användarna upptäcka att deras data har använts på sätt som de aldrig hade velat.

Sådan dag kan utlösas av en mängd olika faktorer: en omfattande datamissbruksskandal, en plötslig förändring av villkoren, ett förvärv av ett annat företag som lägger ännu mindre vikt vid dataskydd, eller till och med ett politiskt händelse som begränsar eller kontrollerar tillgången till dessa data. I en värld där data är det nya oljan är det riskabelt att anförtro denna värdefulla tillgång till ett företag som verkar i ett land vars lagar inte tillräckligt skyddar dessa data.

Så frågan är om det verkligen är klokt att sätta så mycket förtroende till företag som verkar till stor del utanför EU
inflytande och dess strikta dataskyddslagar. Skulle du bara lämna din plånbok någonstans och lita på att ingen rör den? Sannolikt inte. Ändå är det precis vad många gör när de anförtro sina data till dessa molnt-

jänster utan att veta exakt vem som kan komma åt dem, när och hur.

Det är därför avgörande att förstå riskerna och överväga alternativa lösningar. Operativsystem och tjänster som ger dig kontroll över dina egna data, som till exempel Linux, erbjuder ett verkligt alternativ. De ger dig möjlighet att lagra dina data lokalt och skydda dem under dina egna villkor, utan att behöva förlita dig på de oklara och ofta icke-transparenta metoderna hos stora teknikföretag.

Den digitala världen blir alltmer komplex, och det blir allt svårare att hålla koll på vem som gör vad med våra data. Men en sak är klar: att behålla kontrollen över våra egna data är avgörande för vår digitala suveränitet och integritet. Det är dags att ta detta aspekt på allvar och vara medveten om vad vi ger upp när vi lägger våra data i händerna på dessa stora företag. För priset vi betalar för det kan vara högre än vi någonsin har föreställt oss.

6.1 Personliga anteckningar

Personliga anteckningar

7. Energiförbrukning av molnet

Medan din dator, din bärbara dator eller till och med en server bara förbrukar några hundra watt eller några kilowatt om det är en större server, är det svårt att föreställa sig hur mycket energi som används av molntjänster. Har du någon aning om hur mycket energi som behövs för att ladda upp bara 1 GB data till molnet? Tja, ta en titt:

Energiförbrukningen av molntjänster är enorm och ofta underskattad. Att ladda upp bara 1 GB data till molnet kräver en betydande mängd energi. Detta beror inte bara på överföringen själv utan också på lagring och de många associerade processerna i de massiva datacentren som driver dessa molntjänster. Dessa datacenter består av tusentals servrar som körs dygnet runt, som måste kylas och behöver en stabil strömförsörjning. De enorma serverfarmarna förbrukar inte bara stora mängder energi utan bidrar också betydligt till CO_2-utsläpp.

Datacenter, särskilt de som drivs av stora leverantörer som Google, Amazon och Microsoft, kräver en massiv infrastruktur för att hantera mängden data som flödar genom internet dagligen. Dessa centra är ofta lika stora som flera fotbollsplaner och drar i många fall mer elektricitet än hela städer. Servrarna själva genererar värme som måste avledas av kraftfulla kylsystem, som i sin tur förbrukar ännu mer energi.

En rapport från Greenpeace från 2017 visade att datacentren hos de största molnleverantörerna redan då förbrukade mer energi än många små länder. Även om dessa företag försöker minska sina utsläpp och övergå till förnybar energi är energibehovet enormt och fortsätter att växa.

Det blir särskilt kritiskt när man överväger att många datacenter ligger i länder där merparten av elektriciteten fortfarande kommer från fossila bränslen. Detta innebär att koldioxidavtrycket av varje uppladdat GB är betydligt större än man kan föreställa sig. För 1 GB som du laddar upp till molnet måste flera kilowatt energi användas, och det är bara början—denna data måste lagras, bearbetas och eventuellt speglas runt om i världen för att säkerställa att den alltid är tillgänglig.

Detta leder oss till en annan viktig punkt: den ständiga tillgängligheten och redundansen av data i molnet. För att säkerställa att dina data inte går förlorade lagras de ofta i flera datacenter på olika kontinenter. Detta innebär att 1 GB data inte bara lagras en gång utan flera gånger i dessa gigantiska serverfarmar och ständigt synkroniseras. Energiförbrukningen mångdubblas därefter, tillsammans med de tillhörande CO_2-utsläppen.

Så, när man jämför energiförbrukningen hos en enskild enhet, oavsett om det är en bärbar dator eller en server, med den hos en molntjänst, blir det snabbt tydligt att molnet förbrukar en enorm mängd resurser. Medan din hemcomputer endast förbrukar energi när den faktiskt används, kör servrarna i datacentren kontinuerligt, oavsett om datan nås eller inte.

För den miljömedvetna användaren innebär detta att användningen av molntjänster också medför ett ekologiskt ansvar. Det är viktigt att vara medveten om de miljömässiga kostnader som är förknippade med användningen av dessa tjänster och, där det är möjligt, överväga alternativ som är mindre energikrävande.

Kort sagt: Molnet kan vara bekvämt och praktiskt, men det kommer med ett högt energipris som slutligen betalas av miljön.

7.1 Personliga anteckningar

Personliga anteckningar

8. Fördelar med tyska molntjänster

Naturligtvis vill jag inte påstå att molntjänster inte erbjuder några fördelar. Tvärtom, de har utan tvekan sin rättmätighet och användbara tillämpningar. Det skulle vara orealistiskt och orättvist att helt ignorera fördelarna med molntjänster. Tjänster som Google Drive, Dropbox eller OneDrive erbjuder enorm flexibilitet och möjliggör enkel åtkomst till data från var som helst. Detta gör dem till ett oumbärligt verktyg i det digitala vardagslivet för många användare, särskilt för företag. Möjligheten att synkronisera filer, samarbeta i projekt eller helt enkelt ha en säkerhetskopia av viktiga dokument är praktiskt och effektivt.

Jag använder också molntjänster själv, men med omtanke och försiktighet. Ett exempel på detta är min användning av Ionos moln. Jag begränsar mig dock till deras Hidrive-tjänst, som jag enbart använder för säker lagring av mina backup-data. Detta ger mig fördelen av att säkra mina data på en extern plats utan att förlita mig på molnberäkningstjänster som kan tränga djupt in i mitt digitala liv. Den avgörande skillnaden ligger i hur jag hanterar mina data innan de ens laddas upp till molnet: Jag krypterar dem på mitt Linux-system så att när de väl når Ionos servrar, framstår de endast som oförståelig digital jargong.

Denna metod har flera fördelar. För det första, även om någon får tillgång till mina data på Ionos servrar – vare sig genom en säkerhetsincident eller obehörig åtkomst – skulle informationen vara helt oläslig och värdelös så länge krypteringen inte knäcks. För det andra, eftersom Ionos har sitt säte i Tyskland, skyddas mina data av de stränga dataskyddsreglerna i GDPR. Det innebär att Ionos är juridiskt skyldig att respektera min integritet och inte får helt enkelt dekryptera eller vidarebehandla mina data. Om ett brott skulle inträffa, skulle företaget tvingas betala mycket – så mycket att jag inte skulle behöva oroa mig för det.

Detta står i skarp kontrast till företag som Google, Amazon, Microsoft eller Facebook, som är baserade i USA och vars dataskyddsstandarder är mycket mindre stränga. Det skulle vara naivt att tro att dessa företag inte skulle kunna dekryptera krypterade data om de ville. Även den bästa krypteringen är inte oövervinnelig, och med framsteg inom datorkraft – såsom kvantdatorer – kan det en dag bli möjligt att knäcka även de mest robusta krypteringsmetoderna. Men detta är inte bara en fråga om teknisk genomförbarhet utan också om de juridiska och etiska ramarna, som är mycket mer lösa i USA än i EU.

Denna övervägning leder till en viktig insikt: Även om molntjänster verkligen erbjuder fördelar, bör vi alltid vara medvetna om riskerna och begränsningarna. Blint förtroende för stora amerikanska teknikjättar som verkar på en annan kontinent och vars mål inte alltid överensstämmer med våra egna värderingar kan en dag bli dyrt för oss. Även om allt verkar fungera bra idag, måste vi fråga oss om vi verkligen är beredda att på lång sikt ge upp kontrollen över våra data.

Detta innebär inte att vi helt bör undvika molntjänster. De erbjuder ett vettigt komplement till lokalt lagrad data och kan, om de används på rätt sätt, öka säkerheten och tillgängligheten av vår digitala information. Nyckeln är dock att använda rätt tjänster med nödvändig försiktighet. Det innebär att kryptera våra data innan de kommer in i molnet och att välja leverantörer som följer de stränga dataskyddslagarna i EU.

Men vi får inte glömma att dataskydd är ett dynamiskt område som ständigt utvecklas. Teknologier som kvantdatorer kan en dag underminera dagens bästa kryptering. Därför är det viktigt att följa utvecklingen inom detta område och justera våra säkerhetsstrategier vid behov. Medan Ionos idag är en pålitlig lösning, kan detta förändras i framtiden – och vi måste vara beredda att reagera.

Sammanfattningsvis erbjuder molntjänster verkligen fördelar som inte kan förnekas. Men att välja rätt leverantör och hantera våra data på rätt sätt är avgörande för att behålla kontrollen. Om vi är medvetna om detta ansvar och agerar därefter, kan vi dra nytta av molnet utan att offra vår digitala säkerhet och integritet.

8.1 Personliga anteckningar

Personliga anteckningar

9. Ionos tyska moln, HiDrive

Molntjänster erbjuder utan tvekan en mängd fördelar, särskilt när det gäller åtkomst till data från var som helst och automatisk synkronisering. Men riskerna som är förknippade med användning av molntjänster, särskilt med stora leverantörer som Google, Amazon, Microsoft och Facebook, får inte underskattas.

Dessa företag är baserade i USA, där dataskyddslagar ofta är mindre stränga än i EU. Detta ger dem omfattande möjligheter att få åtkomst till och analysera dina data, ofta utan att du ens märker det. Efterlevnad av den europeiska allmänna dataskyddsförordningen (GDPR) är på intet sätt garanterad, vilket innebär att dina data kanske inte får samma skydd som med en leverantör som är baserad i Tyskland.

Här kommer IONOS in i bilden, en molnleverantör med bas i Tyskland som strikt följer GDPR. Alla data du lagrar hos IONOS förvaras i ISO 27001-certifierade datacenter i Tyskland, vilket uppfyller de högsta säkerhetsstandarderna. Dessutom erbjuder IONOS AES-256-bitars kryptering för lagrade data, som är nästan oåtkomlig även för leverantören om du krypterar dina data i förväg. Detta är en avgörande fördel jämfört med amerikanska molntjänster, som ofta kan övervakas av lokala myndigheter.

En annan punkt som inte bör underskattas är IONOS utmärkta kundservice. Supporten är inte bara lättillgänglig utan erbjuder också kompetent hjälp, vilket kan vara avgörande i kritiska situationer. Efter mina erfarenheter med andra, billigare leverantörer har jag slutligen återvänt till IONOS eftersom säkerhetsfördelarna och supporten vida överväger de något högre kostnaderna.

Dessutom är priset för IONOS HiDrive-tjänster ganska rättvist. Med en månadskostnad på cirka 10 euro får du inte bara GDPR-kompatibel datalagring utan också fördelen av ett tyskt datacenter. Detta ger dig trygghet om att dina data inte kan lätt dekrypteras eller missbrukas – till skillnad från de stora internationella leverantörerna, som ofta är opaka i sin användning av data.

För dem som värdesätter dataskydd men fortfarande vill dra nytta av molntjänster, är IONOS med HiDrive definitivt värt att överväga. Kombinationen av tysk noggrannhet i dataskydd, solid support och rättvisa priser gör denna leverantör till ett säkert val, särskilt jämfört med stora internationella konkurrenter.

9.1 Personliga anteckningar

Personliga anteckningar

10. Slut på utflykten om molnet

Så vad gör vi nu? Vad gör man efter att det har blivit klart att molnet både erbjuder fördelar och betydande risker? Många av oss har säkert insett fördelarna med molntjänster—den enkla hanteringen, flexibla åtkomsten och möjligheten att hantera data från var som helst är obestridliga. Samtidigt finns det en lång lista med nackdelar som kanske först blir tydliga i framtiden, kanske när det redan är för sent.

Tanken på att våra personliga data är lagrade i molnet verkar initialt praktisk. Men när man tänker på att dessa data ligger på servrar utanför vår kontroll och ofta i länder med mycket slappare dataskyddslagar, kan det kännas obehagligt. Dessutom har de stora teknikjättarna som erbjuder dessa tjänster nästan obegränsad åtkomst till dessa data och kan ofta analysera, sälja eller använda dem för andra syften som de själva vill. Dessa företag har enorma resurser och en agenda som sällan överensstämmer med våra egna intressen. Det finns också risken för dataintrång, hackerattacker eller helt enkelt juridiska och regulatoriska förändringar som kan påverka oss när som helst.

Så vad kan göras för att minimera dessa risker och få tillbaka sin sinnesro? Det finns konkreta steg du kan

46

ta för att skydda dig själv och samtidigt utnyttja molnets fördelar åtminstone till viss del.

1. Det första och kanske mest radikala steget: »släng Windows i soporna«!
Windows har under de senaste åren alltmer blivit ett system som i praktiken tvingar sina användare in i molnet. Microsoft samlar flitigt in data, skickar det till molnet och tvingar användarna att lagra sina data på deras servrar på många sätt. Att byta till ett annat operativsystem, som till exempel Linux, kan vara det första steget. Linux är inte bara öppen källkod, utan ger dig också full kontroll över dina data och deras lagring. Det finns olika distributioner som är lätta att installera och erbjuder ett användarvänligt gränssnitt. Linux Mint är till exempel känt för sin enkelhet och är särskilt lämpligt för dem som byter från Windows.

2. Använd kryptering
Om du vill fortsätta använda molntjänster bör du kryptera dina data innan de laddas upp till molnet. Det finns olika program och verktyg som kan hjälpa dig att säkert kryptera dina data. Detta säkerställer att även om dina data hamnar i fel händer, är de värdelösa utan den rätta nyckeln. End-to-end-kryptering är metoden som väljs här.

3. Välj GDPR-kompatibla molnleverantörer

Om du inte vill helt avstå från molntjänster, välj en leverantör som är baserad i EU och strikt följer GDPR. IONOS är ett utmärkt exempel här. Dina data lagras i Tyskland, och leverantören är underkastad de strikta dataskyddslagarna i EU. Detta minskar risken för att dina data delas eller missbrukas utan ditt samtycke.

4. Skapa lokala säkerhetskopior

Lita inte enbart på molnet. Regelbundna säkerhetskopior på externa hårddiskar eller andra fysiska lagringsmedia bör bli rutin. Dessa säkerhetskopior bör också krypteras. På så sätt har du alltid en kopia av dina data till hands, även om molntjänsten är tillfälligt otillgänglig eller, i värsta fall, data går förlorade.

5. Överväg omfattningen av molnanvändning

Det kan vara dags att grundligt ompröva ditt beroende av molntjänster. Inte varje fil behöver lagras i molnet. Fråga dig själv vilken data som verkligen hör hemma i molnet och vilken som inte gör det. Känslig data som absolut inte får hamna i fel händer bör lagras lokalt så mycket som möjligt.

Sammanfattningsvis: Det handlar inte om att helt fördöma molnet. Det har sina fördelar, men dessa bör användas medvetet och försiktigt. Riskerna är verkliga

48

och varierande, och att ignorera dem kan leda till obehagliga överraskningar. Genom att agera proaktivt kan du njuta av molnets fördelar utan att onödigt sätta din säkerhet och integritet på spel.

10.1 Personliga anteckningar

Personliga anteckningar

11. Windows 11 datagirighet

Sedan 2024 har Windows drivit datainsamlingen till sin spets, nästan som om Microsoft plötsligt känt behovet av att suga åt sig varje detalj av ditt digitala liv. Visst finns det data som är nödvändig för att operativsystemet ska fungera, men inte allt som samlas in faller i denna kategori. Den största delen av datainsamlingen är helt enkelt frivillig – och ofta onödig. Men den sorgliga verkligheten är att många användare inte ens vet vilken data som samlas in, än mindre att de har möjlighet att motsätta sig det.

Redan vid den första installationen av Windows 11 märker man hur mycket operativsystemet är utformat för att samla in data. Från platsbaserade tjänster till personlig reklam och diagnostiska data – Windows försöker ta reda på så mycket som möjligt om sina användare. Och det värsta? Många av dessa funktioner är aktiverade som standard, om du inte uttryckligen avböjer dem. Men ärligt talat: vem läser igenom varje fönster och varje meddelande noggrant vid installationen? De flesta klickar bara på »Nästa,« »Acceptera« eller »Godkänn« – och då har Windows redan vunnit.

Men vänta, det finns också ett ljus i mörkret! En stor del av dessa datainsamlingsmetoder kan faktiskt inaktiveras. Det är inte en enkel uppgift, men det är möjligt. Redan vid installationen kan du avböja vissa av spårningsalternativen. Här krävs vaksamhet: läs igenom meddelandena och alternativen noggrant och bestäm vilka funktioner du verkligen behöver och vilka du inte behöver.

Efter att du har slutfört installationen är dock arbetet inte över. Det är lämpligt att dyka djupt ner i Windows-inställningarna och noggrant kontrollera vad som redan är aktiverat. Under »Sekretess och säkerhet« hittar du många alternativ för att begränsa datainsamlingen. Till exempel kan diagnostiska data minskas till ett minimum, och platsspårning kan också stängas av. Även personlig reklam baserad på dina användardata kan inaktiveras.

Det man inte får glömma är: även om du inaktiverar alla alternativ för datainsamling, finns det fortfarande vissa grundläggande uppgifter som Windows fortsätter att samla in. Enligt Microsoft är dessa nödvändiga för att hålla operativsystemet igång och för att tillhandahålla uppdateringar. Men ärligt talat, vem vet egentligen vad som händer bakom kulisserna?

Microsoft hävdar naturligtvis att all denna data används för att förbättra användarupplevelsen och göra systemet säkrare. Men i slutändan kvarstår frågan om hur mycket kontroll du verkligen har över dina egna data. Det är en ständig balansakt mellan bekvämlighet och sekretess, och det är upp till dig att hitta den balansen.

Sammanfattningsvis: Var vaksam och ta dig tid att noggrant granska Windows 11 datainsamlingsalternativ. Det kan verka besvärligt, men det är det enda sättet att åtminstone bevara en del av din sekretess. Och kanske, bara kanske, funderar du även på alternativ som inte är lika datagiriga.

Jag vill egentligen inte ge dig en obehaglig känsla i magen – vänta, stopp. Jo, det vill jag. Och av en mycket specifik anledning: det är det enda sättet att visa dig den otroliga fara som ler åt dig varje dag medan du utan att veta det upprätthåller dina dagliga digitala vanor. Denna bok är inte bara tänkt att öppna dina ögon; den är tänkt att ge dig en bokstavlig knytnäve i magen. Om du inte känner dig åtminstone lite illamående efter dessa sidor, har jag misslyckats med mitt mål. För det är denna illamående känsla som gör att du inser att något grundläggande måste ske om dina data och ditt digitala liv verkligen ska förbli ditt eget.

Den sorgliga sanningen är att vi aldrig kommer att ha möjlighet att forma Microsoft och särskilt Windows på ett sätt som gör att våra data förblir vår egendom. Verkligheten är nedslående: dina data samlas in, analyseras och används, ofta utan din vetskap eller uttryckliga samtycke. Och medan spelplanen hela tiden skiftar mot molnet och global uppkoppling, förblir dina data allt mer oskyddade – i bästa fall ett verktyg för stora företag, i värsta fall lätt byte för cyberbrottslingar.

Men oroa dig inte, det finns en lösning på detta dilemma. Och här kommer den avgörande punkten: Jag kan visa dig ett system som idag, år 2024, erbjuder allt du hoppas på i en verkligt säker och privat digital miljö. Detta system är inte perfekt – perfektion är en illusion i den digitala världen – men det ger dig tillbaka den kontroll du förtjänar.

Du kanske undrar nu: »Vad är detta system? Hur kan jag verkligen skydda mina data?« Svaret ligger i att välja rätt verktyg och rätt plattform. Det är dags att säga adjö till Windows och välja ett system som respekterar din integritet, ger dig kontroll över dina data och som inte tvingar dig att böja dig för de integritetsproblem som stora företag har.

Systemet jag talar om är Linux. Det erbjuder dig den flexibilitet, säkerhet och kontroll som Windows undanhåller dig. I de kommande kapitlen av denna bok kommer jag att visa dig steg för steg hur du kan genomföra bytet – från att välja rätt Linux-distribution till att säkra dina data och sätta upp en digital miljö som verkligen tillhör dig.

Det är dags att vi inte längre nöjer oss med obehagliga känslor utan börjar agera. För sanningen är: om vi inte gör något kommer det inte att bli bättre. Det är upp till oss att återta kontrollen över vårt digitala liv, och det finns ingen bättre tid än nu.

11.1 Eigene Dateien

Personliga anteckningar

12. Vad samlar Windows för data?

Microsoft klassificerar vissa datainsamlingar som »nödvändiga« och hävdar att dessa data är nödvändiga för att hålla Windows effektivt, uppdaterat och säkert. Men vad som verkligen skrämmer mig är den självklarhet med vilken beslut om vårt digitala liv fattas. Dessa »nödvändiga« data inkluderar grundläggande detaljer som din enhetsmodell, hårdvarukomponenterna i ditt system och diagnostiska data vid systemfel. Vid första anblick kan detta verka harmlöst, men djupet och omfattningen av den insamlade datan går långt bortom vad man skulle förvänta sig av ett operativsystem.

För diagnostik samlar Microsoft enligt rapporter in grundläggande felrapporteringsdata, såsom om en Windows-uppdatering har tillämpats framgångsrikt och om operativsystemet fungerar som avsett. Men det slutar inte där. De samlar även in versionen och byggnumret av Windows, alla valfria installationer samt alla applikationer och tjänster du har installerat. Det betyder att Microsoft inte bara vet vilka program du använder utan också när och hur ofta. Denna invasiva insyn i ditt digitala liv deklareras som nödvändig av Microsoft – och ärligt talat får det mig att känna en iskall fasa.

Vad som oroar mig ännu mer är det faktum att du inte kan stoppa insamlingen av dessa »nödvändiga« data. Det känns som att kontrollen över ditt eget system tas bort utan ditt uttryckliga samtycke. All data som samlas in utanför detta område är påstått valfri, men även här måste man fråga sig: Hur många av oss vet ens vilken data som samlas in och hur man inaktiverar denna insamling?

Denna tvångsdatainsamling är ännu ett tecken på att vi lever i en värld där vår integritet alltmer blir en vara som vi ofta ger bort omärkligt och motvilligt. För mig är detta ett alarmerande tecken på att vi måste tänka om om våra data och vår digitala frihet verkligen är viktiga för oss.

12.1 Webbläsardata

Windows 11 går ett steg längre i datainsamlingen genom att övervaka dina webbläsaraktiviteter. Tänk dig detta: varje gång du surfar på internet, varje sökord du skriver in i en Microsoft-webbläsare som Microsoft Edge, kan Microsoft spåra. Det är inte bara en flyktig blick på ditt surfbeteende, utan en systematisk insamling av alla dina onlineaktiviteter. Även ändringar du gör i konfigurationsinställningarna i

Microsoft-webbläsarna kan registreras, vilket i sin tur påverkar dina sökresultat.

Vad som verkligen skrämmer mig är djupet av denna övervakning. Det är inte längre bara ditt allmänna surfbeteende som står i fokus, utan varje liten justering och preferens du lägger in i din webbläsare. Denna information är guld värd – inte för dig, utan för de företag som använder dessa data för att förutsäga ditt beteende, bombardera dig med riktad reklam eller till och med påverka dina åsikter.

Men det finns en utväg ur denna datafälla, åtminstone delvis. Om du vill inaktivera denna övervakning, gå till Inställningar > Sekretess och säkerhet > Diagnostik och feedback och stäng av »Skicka valfria diagnostikdata.« Detta steg begränsar åtminstone en del av den oönskade datainsamlingen. Men varning: denna åtgärd är bara en droppe i havet. Så länge du använder Microsofts ekosystem kommer en viss grad av övervakning alltid att finnas kvar som du inte kan stänga av helt.

12.2 Dina inmatningar

Dina inmatningar, precis! Vad som kommer härnäst är verkligen chockerande! Windows 11 samlar på sig påstått anonymiserade data om allt du skriver, handskrivna anteckningar eller till och med talar. Ja, du läste rätt – varje inmatning, oavsett om det är via tangentbordet, diktering eller med penna på en pekskärm, spelas in. Dessa data används påstås för att förbättra relevanta tjänster, till exempel för att optimera taligenkänning och handskriftsigenkänning i Windows.

Men ärligt talat, vem känner sig bekväm med det? Att alla dessa inmatningar samlas in och analyseras för att förbättra användarupplevelsen kanske låter bra, men det har en obehaglig bismak. Tanken på att även dina handskrivna anteckningar eller personliga dikter hamnar i en anonym databas är långt ifrån betryggande. Naturligtvis försäkras du om att dessa data är »anonymiserade« – men vad betyder det egentligen i en tid där det är nästan omöjligt att hålla digital information helt anonym?

Om du inte vill acceptera detta som det är – och det bör du inte – finns det ett sätt att åtminstone delvis begränsa denna datainsamling. Gå till Inställningar > Sekretess och säkerhet > Diagnostik och feedback och stäng sedan av »Förbättra skriv- och ritfunktioner«. Detta stoppar den direkta övervakningen av dina inmatningar, men som alltid gäller: Så länge du befinner dig i Windows-världen finns det inget komplett skydd mot nyfikna ögon.

Denna typ av övervakning gör det tydligt: gränsen mellan användbar funktionalitet och invasiv datainsamling suddas ut alltmer. Det är upp till oss att förbli vaksamma och aktivt vidta åtgärder för att skydda vår digitala integritet – innan vi helt förlorar kontrollen över den. Vilket, om vi är ärliga, vi redan har gjort. Vi har länge förlorat kontrollen över våra data.

12.3 Produkt- och tjänsteprestanda

Produkt- och tjänsteprestanda – vid första anblick verkar det ofarligt, nästan användbart. Dessa telemetridata ska övervaka tillståndet på din enhet, operativsystemet samt appar och drivrutiner. Även om det påstås att dessa data bara är pseudonymiserade, är det ärligt talat så: även pseudonymiserade data kan avslöja mer om dig än du kanske vill. Vad som låter så oskyldigt är egentligen detaljer om hur snabbt Cortana svarar på dina röstkommandon eller hur lång tid ansiktsigenkänning tar för att slutföra sina beräkningar.

Dessa data används inte bara för att förbättra tjänster utan även för att ge dig så kallade »skräddarsydda upplevelser.« Det kan till exempel innebära att du får rekommendationer för inställningsändringar för att optimera batteritiden, eller att en molnlagringstjänst föreslås när din enhets lagringsutrymme börjar ta slut. Men bara för att data för tillfället verkar relativt ofarliga betyder det inte att de förblir så i framtiden. Vem vet vilka överraskningar teknologin har i beredskap för oss? Kanske är ditt ansikte särskilt väl lämpat för ansiktsigenkänning – och det kan bli problematiskt i fel händer.

Om du tycker att denna form av övervakning går för långt, finns det sätt att stänga av den. Navigera till Inställningar > Sekretess och säkerhet > Diagnostik och feedback. Stäng av både »Skicka valfria diagnostiska data« och »Förbättra användarupplevelsen.« Detta kommer åtminstone att stoppa en del av denna datamängd.

Men som alltid kvarstår frågan: Hur mycket kontroll har vi verkligen över dessa data, och hur mycket ger vi frivilligt upp utan att fullt förstå de potentiella konsekvenserna? Det är värt att tänka på innan vi helt enkelt fortsätter med våra digitala vanor.

12.4 Användning av produkter och tjänster

Användningen av produkter och tjänster i Windows 11 är ett annat kapitel i historien om datainsamling. Det som särskilt sticker ut är de delvis anonymiserade data som Microsoft samlar in. Denna information visar bland annat vilka appar du använder och vilka applikationer som är aktiva när vissa fel uppstår. Det registreras även om du har stängt av vissa hjälp- och förslagstjänster i Windows, allt med målet att förbättra systemets noggrannhet och användarvänlighet.

Det som verkligen stör mig är hur dessa data används för »skräddarsydda upplevelser.« Till exempel kan Windows föreslå att du aktiverar vissa inställningar som du medvetet har stängt av – kanske av sekretesskäl. Det övervakar inte bara din aktuella användning utan också hur du hanterar operativsystemets inställningar. Dessa data kan sedan användas för att föreslå alternativa Microsoft- eller tredjepartsapplikationer baserat på de program du använder mest.

Om du inte vill acceptera denna form av övervakning – och det bör du verkligen överväga – finns det ett sätt att stänga av datainsamlingen. Gå till Inställningar > Sekretess och säkerhet > Diagnostik och feedback och stäng av både »Skicka valfria diagnostiska data« och »Förbättra användarupplevelsen.« Detta kommer åtminstone att minska mängden data som samlas in om ditt användarbeteende.

Men frågan kvarstår: Hur mycket av denna övervakning är verkligen nödvändig och hur mycket är helt enkelt överflödigt? Måste vi verkligen avslöja våra preferenser och aversioner bara för att operativsystemet ska kunna ge förslag som vi kanske inte ens vill ha? Det är värt att ifrågasätta och justera dina digitala vanor därefter för att inte ge upp onödig kontroll.

12.5 Dina installerade program och mjukvara

Ett annat område där Windows 11 flitigt samlar in data är relaterat till de appar du kör på ditt system, antimalware-program och -tjänster som är installerade på din dator, samt drivrutinsuppdateringar och schemat för Windows-uppdateringar. Microsoft är också intresserat av när nedladdningar börjar och slutar, och vilka appar från Microsoft Store som är installerade och eventuellt behöver uppdateras. Denna information samlas in inte bara för att säkerställa en smidig drift av ditt system utan också för att ge dig skräddarsydda rekommendationer – till exempel alternativa appar som du kanske skulle tycka om.

Nu är frågan jag ställer mig själv: Måste det verkligen vara så här? Denna typ av övervakning kan verka harmlös vid första anblicken, men i verkligheten ger den Microsoft djupa insikter i ditt användarbeteende. Det är som att ha en konstant följeslagare som noterar allt du gör på din dator. Visst, en del av denna information kan teoretiskt sett hjälpa ditt system att fungera mer effektivt – men till priset av din integritet?

Om du tycker att denna typ av datainsamling är för påträngande, har du möjlighet att åtminstone delvis stoppa den. Gå till Inställningar > Sekretess och säkerhet > Diagnostik och feedback och stäng av både »Skicka valfria diagnostiska data« och »Förbättra användarupplevelsen.« Detta kommer åtminstone att begränsa en del av den onödiga datainsamlingen och ge dig tillbaka lite kontroll över dina egna data.

Men den verkliga frågan kvarstår: Hur mycket av denna »skräddarsydda upplevelse« är verkligen nödvändig? Måste vi verkligen tillåta att varje liten sak vi gör på vår dator övervakas och analyseras? Det är upp till oss att hitta balansen mellan funktionalitet och integritet – och att inte ge upp onödig kontroll till stora teknikföretag.

12.6 Din plats

Windows 11 samlar också in platsdata, påstås för att möjliggöra funktioner som »Hitta min enhet«, förbättra relevansen av sökresultat och ge dig mer relevanta väder- och lokala upplysningar. Dessa platsdata kan även användas av tredjepartsappar om du ger dem tillstånd. Men allvarligt talat: Vad har Microsoft med att veta var jag befinner mig?

Det är häpnadsväckande att ett operativsystem tycker att det är helt okej att konstant spåra min plats i bakgrunden för att påstått underlätta mitt liv. Tror de verkligen att jag behöver väderuppdateringar eller lokala nyheter varje gång jag öppnar min laptop? Vad som verkligen gör mig mållös är den blotta fräckheten med vilken dessa data kan användas inte bara av systemet självt utan också av tredjepartstjänster. Frågan uppstår: Var slutar insamlingen av användbar information, och var börjar missbruket av privatlivet?

Lyckligtvis finns det ett sätt att stoppa denna platsövervakning – även om man måste fråga sig varför det ens är aktiverat som standard. För att göra detta, gå till Inställningar > Sekretess och säkerhet > Plats och se till att plats-tjänster är avstängda. Alternativt kan du stänga av platsövervakning för enskilda appar genom att gå igenom app-listan på denna sida.

Men ärligt talat: Är det inte en skandal? Vi som användare måste gräva ner oss i inställningarna för att återfå kontrollen över våra egna data. Att ett sådant övervakningsnivå överhuvudtaget övervägs gör mig mållös. Microsoft verkar inte känna några gränser när det kommer till att samla så mycket information om oss som möjligt. Och lösningen skulle vara så enkel: Ge användarna kontroll över sina data och gör dessa metoder transparenta – men tyvärr händer inte det.

12.7 Hitta min enhet

Vad tänker egentligen Microsoft om funktionen »Hitta min enhet«? Tror de verkligen att en tjuv som har stulit min laptop först kommer att ansluta till internet så att jag kan se dess plats? Det är ren naivitet! Verkligheten ser helt annorlunda ut. En tjuv som går så långt som att stjäla en laptop vet säkert hur man kringgår eller till och med inaktiverar denna funktion.

Naturligtvis är internetanslutningen som krävs för »Hitta min enhet« det första en tjuv skulle förhindra. Och även om de inte gör det omedelbart utan bara tar bort hårddisken, är det ändå över. Laptopen kan säljas i en second hand-butik och datan? Den hamnar troligen i händerna på tjuven eller en medhjälpare. Idén att en tjuv skulle kunna spåras via en Ethernet-kabel är absurd.

Det finns ingen garanti för att funktionen alltid fungerar i praktiken. Vad händer om tjuven helt enkelt kopplar bort laptopen från nätverket eller förvarar den i ett område utan internetuppkoppling? Då kan inte

»Hitta min enhet« göra något. Det verkar mer som en kosmetisk funktion som Microsoft marknadsför som en cool funktion utan att verkligen tänka på de praktiska aspekterna. I slutändan är det förmodligen mer en fasad än verkligt skydd.

Vad vill Microsoft egentligen uppnå? Tror de på allvar att du kommer att hitta din laptop med deras funktion? Inte alls! Vad de verkligen vill är att du går till närmaste butik, köper en ny laptop – naturligtvis med Windows igen – och sedan återhämtar dina data från OneDrive. På så sätt har de ett bra skäl att driva sina molntjänster.

Verkligheten är att funktionen »Hitta min enhet« ofta är bara tomma ord. Vad hjälper det om laptopen stjäls? Det dröjer inte länge innan tjuven kopplar bort den från nätverket och antingen överför datan till en annan hårddisk eller säljer laptopen som den är. Funktionen är i bästa fall en platshållare för att ge kunderna en illusion av skydd.

Microsoft vet mycket väl att vid en riktig stöld är laptopen ofta bortom räddning. Så kunden har inget annat val än att köpa en ny laptop och återställa data från OneDrive – om det har säkerhetskopierats där. Annars återstår bara den bittra insikten att funktionen

»Hitta min enhet« i slutändan inte är något annat än en rökridå. Det verkliga budskapet är: om laptopen är borta, är den borta.

12.8 Se den insamlade datan

Om du vill ha en detaljerad rapport om de data som Windows 11 har samlat in, finns det faktiskt ett inbyggt verktyg för detta. Gå helt enkelt till Inställningar > Sekretess och säkerhet > Diagnos och feedback och aktivera alternativet för att visa diagnosdata. Detta aktiverar funktionen som gör att du får en omfattande översikt över de data som ditt system har samlat in.

När du har aktiverat detta alternativ kan systemet be dig att besöka Microsoft Store för att ladda ner och installera appen Diagnostic Data Viewer. Denna app kräver ungefär en gigabyte ledigt lagringsutrymme på din enhet. Efter installationen kan du öppna appen och få tillgång till all telemetridata och information som Windows 11 har samlat in om din användning.

I appen Diagnostic Data Viewer kan du navigera genom de insamlade data och se i detalj vilken information som skickas från ditt system till Microsoft. Appen ger dig inte bara en översikt över datan, utan visar också vilka appar som skickar mest data till

Microsoft. Detta kan vara särskilt insiktsfullt om du vill förstå omfattningen och detaljnivån av din användning som övervakas. Det ger dig en bättre inblick i datainsamlingen och gör att du kan förstå bättre vilka aspekter av din systemanvändning som ingår i telemetrin.

12.9 Personliga anteckningar

Personliga anteckningar

13. Herregud, och sedan?

Åh man, och nu, precis! Ja, kära läsare, nu vet du ungefär vad som pågår. Även jag, som hanterar dessa ämnen dagligen, kan inte ens börja ana vad, när, hur och varför data flödar till Microsoft. När jag tänker tillbaka på hur allt började när Windows fortfarande ansågs vara ett revolutionerande system, var det verkligen imponerande! Man kunde bokstavligen känna framstegen och innovationerna. Men idag? Microsoft har blivit en girig och pengahungrig datasamlande drake, vilket är skrämmande.

Låt oss pausa en stund och betrakta verkligheten: Vad händer egentligen när du sätter på din dator? Operativsystemet börjar omedelbart samla in data – utan något större ståhej. Det handlar inte bara om en liten informationsöverföring, utan en verklig flod av data som går till Microsoft. Du kan vara säker på att ditt system kontinuerligt registrerar information om din användning, dina preferenser och till och med dina interaktioner med olika applikationer och webbplatser. Allt detta samlas i en enorm dataskatt som Microsoft gärna använder för att optimera sina tjänster, rikta annonser eller vidareutveckla sin programvara.

Nu kanske du undrar varför jag berättar allt detta. Jag har behövt utveckla lite här och där för att ge dig en omfattande bild. Men hur kan jag seriöst föreslå ett alternativt operativsystem som Linux om du inte förstår varför jag ens överväger det? Verkligheten är att Microsofts oupphörliga insamling och analys av data blir alltmer påträngande. Och ju mer du lär dig om det, desto tydligare blir det varför fler och fler människor väljer alternativa system som är mindre inriktade på datainsamling.

Linux är en lovande alternativ. Det kanske verkar mer komplicerat vid första anblick, men det erbjuder mycket större kontroll över din integritet. Med Linux bestämmer du själv vilken data som skickas och vilken som inte gör det. Du är inte i händerna på ett kommersiellt företag som använder dina data som valuta. Detta betyder inte att Linux är perfekt eller fritt från sina egna utmaningar, men det ger dig friheten att skydda dina data på dina egna villkor.

Så nästa gång du sätter på din Windows-dator och undrar vart all den där datan tar vägen, tänk på vilken kontroll du vill ha över ditt system och dina data. Kanske är det dags att allvarligt överväga alternativ och fundera på om du inte hellre vill ta ett steg mot mer integritet och självständighet.

Och nu har vi nått slutet på alla negativa aspekter av Windows, molnet och de andra teknikjättarna. Om inte det är tillräckligt för att öppna dina ögon, vet jag inte vad som kommer att göra det. Vi har noggrant behandlat de problem och bekymmer som uppstår från de stora företagens oändliga datahungrande. Dessa punkter borde vara tillräckliga för att ge dig en tydlig bild av hur påträngande och ogenomskinlig hela saken har blivit. Så, ha så kul nu.

13.1 Personliga anteckningar

Personliga anteckningar

14. Vad är Linux

Tänk dig en värld där du har kontroll över ditt operativsystem utan att ständigt känna dig övervakad eller utnyttjad. En värld där frihet, integritet och anpassningsbarhet är i fokus. Välkommen till Linux-världen. Men vad är egentligen Linux, och hur har det utvecklats till det vi ser idag? Låt oss ta en resa genom Linux historia och egenskaper.

Historien om Linux börjar med en vision av frihet och öppenhet. År 1991, när internet fortfarande var i sin barndom och Windows just började sin uppgång, började en ung finne vid namn Linus Torvalds arbeta. Torvalds var en datavetenskapstudent vid Helsingfors universitet, och han ville skapa ett operativsystem baserat på principerna om öppenhet och samarbete. Hans mål var att utveckla ett fritt, icke-kommersiellt operativsystem som var tillgängligt för alla och inte underkastat traditionella mjukvarumodellers begränsningar.

Torvalds började utveckla en ny kärna, som är den centrala komponenten i ett operativsystem. Denna kärna, som han kallade »Linux,« var avsedd att erbjuda ett alternativ till de kommersiellt populära operativsystemen som Windows och Unix vid den tiden. Namnet »Linux« kommer från dess skapare, Linus Torvalds, och det faktum att det är ett Unix-liknande system. Kärnan släpptes under GNU General Public License, vilket tillät vem som helst att använda, ändra och distribuera koden.

Vad som började som ett litet projekt växte snabbt till en global rörelse. Linux drog till sig uppmärksamhet från utvecklare och tekniker som ville använda systemet som grund för sina egna projekt. Öppen källkodfilosofin möjliggjorde ett samarbetsinriktat utvecklingsarbete, där tusentals programmerare världen över bidrog till projektet. Denna gemenskap av utvecklare och användare spelade en avgörande roll i Linux tillväxt och stabilitet.

Under de följande åren skapades fler och fler Linuxdistributioner - anpassade versioner som är skräddarsydda efter olika behov och preferenser. Distributioner som Ubuntu, Fedora och Debian blev populära och hjälpte till att göra Linux mer tillgängligt för allmänheten. Medan Linux initialt användes främst av teknikentusiaster, har det också fått mainstreamacceptans de senaste åren. Idag är Linux inte bara allestädes närvarande på servrar, superdatorer och i molnet utan har också fått ökad betydelse i världen av stationära datorer och bärbara datorer.

En central aspekt som skiljer Linux från Windows är säkerhetsfrågan. Windows, som ett av de mest använda operativsystemen, är ett vanligt mål för attacker och skadlig kod. Dess utbredda användning gör det till ett attraktivt mål för cyberbrottslingar. Även om Microsoft har gjort betydande framsteg när det gäller att förbättra säkerhetsfunktioner under de senaste åren, förblir Windows-system sårbara för olika hot, särskilt när det gäller hantering av behörigheter och installation av mjukvara.

Linux erbjuder däremot flera betydande säkerhetsfördelar. Den öppna koden i Linux möjliggör en omfattande granskning av gemenskapen. Säkerhetsproblem upptäcks och åtgärdas ofta snabbt, eftersom ett stort antal utvecklare kontinuerligt granskar koden. Dessutom baseras Linux på en strikt behörighetsmodell, där applikationer arbetar i en starkt begränsad miljö, vilket kraftigt minskar risken för en framgångsrik attack.

En annan fördel med Linux är dess modularitet och förmåga att installera endast de nödvändiga komponenterna. Detta minskar angripsytan och minimerar potentiella säkerhetsrisker. Många Linux-distributioner är också kända för sina strikta säkerhetsprotokoll och snabba uppdateringar, som bidrar till att skydda systemet mot nya hot.

Dessutom kommer Linux med en mängd säkerhetsverktyg och -teknologier som är speciellt utvecklade för att säkerställa systemets integritet. Funktioner som SELinux (Security-Enhanced Linux) och AppArmor erbjuder ett extra lager av säkerhetskontroll som går utöver traditionella behörigheter.

Sammanfattningsvis är Linux inte bara en fascinerande historia om öppenhet och samarbete, utan också ett seriöst alternativ till kommersiella operativsystem som Windows. Linux ursprungshistoria, dess spridning och dess säkerhetsfördelar gör det till ett attraktivt val för alla som värderar kontroll, anpassningsbarhet och integritet.

Om du vill befri dig från den omfattande kontrollen och säkerhetsproblemen hos stora teknikföretag, kan det vara värt att ta en titt på Linux. I en tid där integritet och säkerhet blir allt viktigare erbjuder Linux ett övertygande alternativ för användare som vill ha mer kontroll över sina digitala liv.

Jag har skapat ett separat kapitel längre fram i boken om »Linux historia.«

14.1 Spridning av Linux

När vi pratar om operativsystem tänker man ofelbart på Windows som den dominerande aktören på skrivbordet. Men om vi ser bortom detta blir det snabbt tydligt: Linux är nu det mest spridda systemet världen över. Trots Windows dominanta närvaro på skrivbord över hela världen är Linux spridning och inflytande svårt att överträffa.

Medan Windows dominerar desktopmarknaden – med en uppskattad marknadsandel på över 70 procent bland desktop-operativsystem – ser läget helt annorlunda ut på andra nivåer. Linux är inte längre bara en leksak för teknikentusiaster eller serveradministratörer. Det har utvecklats till ett universellt operativsystem som är närvarande i nästan varje område av modern teknologi.

Inom det mobila området, till exempel, där Android anses vara det mest använda operativsystemet, baseras Android på Linux-kärnan. Enligt Statista har Android cirka 72,2 procent av den globala marknaden för mobila operativsystem, vilket indirekt innebär att Linux är närvarande på mer än 70 procent av smartphones och surfplattor. Denna siffra belyser hur dominerande Linux är inom det mobila enhetsområdet – ofta bakom kulisserna.

Men det är inte allt. Linux är också hjärtat i de flesta webbservrar. Uppskattningar visar att över 70 procent av alla webbplatser körs på servrar som använder Linux som operativsystem. Detta beror på den stabilitet, säkerhet och flexibilitet som Linux-servrar erbjuder. Stora namn som Google, Amazon och Facebook förlitar sig på Linux-servrar för att driva sina enorma nätverk och datacenter.

Dessutom återfinns Linux i en mängd andra enheter som spelar en roll i vår vardag. Från smarta TV-apparater och routrar till vissa hushållsapparater – Linux finns överallt. Den breda variationen av enheter som kör Linux visar systemets mångsidighet och anpassningsbarhet.

Om vi går ett steg längre ser vi att Linux också spelar en central roll på internet. Från stora molnleverantörer till otaliga webbservrar och datacenter – Linux driver en betydande del av internet. Faktum är att över 90 procent av världens största superdatorer kör Linux, vilket gör systemet till det föredragna valet för högpresterande databehandling.

Spridningen av Linux sträcker sig långt bortom skrivbord och servrar. Ett anmärkningsvärt område där Linux visar sin närvaro är i inbyggda system. Enligt Linux Foundation är mer än 90 procent av de inbyggda system som används i olika branscher utrustade med Linux. Detta inkluderar allt från bilar och flygplan till medicinska apparater och industriella styrsystem.

Sammanfattningsvis är Linux inte bara närvarande utan dominerar i många områden av teknologi. Även om Windows förblir oöverträffat på skrivbordet, kan inget annat system matcha Linux allestädes närvaro och inflytande. Från mobila enheter till servrar, till vardagsapparater och internet självt – Linux är den osynliga kraften som driver vår moderna värld. Även om det ofta förblir i bakgrunden är dess påverkan på teknologi och digital infrastruktur helt enkelt oöverträffad.

14.2 Linux och Användarvänlighet

Tidigare var Linux faktiskt mer något för de så kallade nördarna och hackarna – de som inte var rädda för att dyka djupt ner i tekniken och trassla sig igenom kryptiska kodrader. Ursprungligen var Linux ett projekt för teknikintresserade entusiaster som inte var rädda för att arbeta med kommandoraden och göra anpassningar av systemet för att möta sina behov. Det var en sorts klubb för teknikälskare som ville vinna sin frihet och kontroll över systemet själva.

Men tiderna har förändrats. I dag, i en tid där användarvänlighet och tillgänglighet är högsta prioritet, har Linux utvecklats snabbt. Den ursprungliga komplexiteten som skilde det från andra operativsystem är till stor del ett minne blott. Moderna Linux-distributioner som Ubuntu, Fedora och Linux Mint har avsevärt förenklat inträdet för vanliga användare. Utvecklingen har gått i rasande fart, och användargränssnitten idag är långt ifrån de skrämmande textbaserade gränssnitten från förr.

Naturligtvis förblir Windows det operativsystem som är känt för sin användarvänlighet och enkelhet. Många människor uppskattar det bekanta gränssnittet och den sömlösa integrationen av funktioner som Windows erbjuder. Det är ett system som upplevs som intuitivt av miljontals användare och ofta anses vara »enklare« att hantera, särskilt för dem som vuxit upp med Windows eller använder det professionellt.

Men låt dig inte luras – moderna Linux-system är på intet sätt komplicerade. Tvärtom: de har blivit överraskande användarvänliga och erbjuder en hög nivå av tillgänglighet för vardagliga uppgifter. Dagens Linux-distributioner kommer med grafiska installationsguider, enkla paketförvaltare och ett flertal förinstallerade applikationer som underlättar starten. Utvecklingen mot mer användarvänliga gränssnitt och intuitiva designkoncept har gjort att även mindre teknikvana användare kan arbeta enkelt med Linux.

Att installera mjukvara på Linux är ofta så enkelt som att klicka på några knappar. Många distributioner erbjuder programvarucentraler där du enkelt kan bläddra och installera program utan att behöva kämpa med komplicerade installationsprocedurer. Även hårdvarukompatibiliteten har förbättrats avsevärt; moderna Linux-distributioner känner automatiskt igen en mängd enheter och installerar nödvändiga drivrutiner.

Dessutom finns det en blomstrande gemenskap av användare och utvecklare som är redo att erbjuda hjälp och stöd. Online-forum, tutorials och användargrupper tillhandahåller värdefulla resurser för alla som har frågor eller behöver assistans. Denna gemenskap bidrar i hög grad till att göra Linux-erfarenheten behaglig och smidig för nybörjare.

Kort sagt, medan Windows fortfarande anses vara systemet som leder när det kommer till användarvänlighet, kan dagens Linux-användare verkligen mäta sig. Moderna distributioner har gjort enorma framsteg och erbjuder en användarvänlig upplevelse som gör det möjligt för vanliga användare att arbeta effektivt och utan problem. Även om Windows kanske fortfarande är det första valet för vissa, är det inte längre en hemlighet att Linux har blivit ett attraktivt och praktiskt alternativ för många.

14.3 Linux och Hårdvarukrav

I dagens snabbt framväxande teknologiska landskap blir hårdvarukrav ett allt mer pressande problem. Särskilt med tanke på de kommande förändringarna hos Microsoft och de därtill knutna miljöpåverkan, erbjuder Linux ett anmärkningsvärt alternativ. Men låt oss ta ett steg tillbaka och se på situationen mer noggrant.

Under åren har Linux byggt upp ett utmärkt rykte för sin mångsidighet och flexibilitet. Ett av Linuxs framträdande kännetecken är dess förmåga att köras på ett brett spektrum av hårdvarukonfigurationer. För nästan varje dator som byggts sedan omkring 2006 eller till och med tidigare, finns det en lämplig Linux-distribution. Dessa distributioner är utformade för att hålla resursanvändningen låg samtidigt som de erbjuder en komplett och användarvänlig skrivbordsmiljö.

Moderna Linux-distributioner som Lubuntu eller Linux Mint Xfce är speciellt optimerade för äldre eller mindre kraftfull hårdvara. De erbjuder en lättvikts skrivbordsmiljö som kräver färre systemresurser än de mer omfattande gränssnitten hos moderna operativsystem. Detta innebär att även äldre datorer som tekniskt sett fortfarande fungerar bra kan användas med en effektiv och aktuell Linux-distribution. Detta innebär att äldre hårdvara inte behöver kastas bara för att nya operativsystemversioner har högre krav.

År 2025 närmar sig, och med det det definitiva slutet för Windows 10, då Microsoft planerar att migrera alla användare till Windows 11. Denna övergång medför dock stora utmaningar. Windows 11 kräver högre hårdvaruspecifikationer än Windows 10, vilket innebär att många datorer, som fortfarande är tekniskt intakta, inte kommer att uppfylla de nya kraven. Windows 11-specifikationerna inkluderar bland annat en TPM 2.0-chip, Secure Boot och specifika processorarkitekturer som inte finns på alla äldre enheter.

Beräkningar visar att miljontals datorer och bärbara datorer byggda före 2016 kanske inte uppfyller minimikraven för Windows 11. Detta leder till en massiv miljöbelastning, då fungerande enheter blir obsoleta. Tanken på att miljarder enheter bara ska bytas ut mot nya, bara för att programvarutillverkarna inte kan göra sina system bakåtkompatibla, är alarmerande. Det kan leda till en enorm mängd elektroniskt avfall – ett miljöproblem som redan nu har nått oroande dimensioner.

I detta sammanhang blir Linuxs miljövänlighet särskilt tydlig. Eftersom Linux kan köras på en mängd olika hårdvarukonfigurationer och kan utformas för att vara lättviktigt, möjliggör det fortsatt användning av äldre enheter. Denna förmåga hos Linux hjälper inte bara till att förlänga livslängden på hårdvaran utan minskar också behovet av nya enheter. Detta har långtgående positiva effekter på miljön, eftersom det minskar mängden elektroniskt avfall och minimerar behovet av nya råmaterial för datorproduktion.

Dessutom finns det många projekt inom Linux-communityn som specifikt fokuserar på att stödja äldre enheter. Distributioner som AntiX eller Puppy Linux är designade för extremt gammal hårdvara och erbjuder en användarupplevelse som ofta inte bara är funktionell utan också överraskande smidig.

När vi tänker på teknikens framtid bör vi också överväga miljöpåverkan av våra beslut. Den kommande migrationen till Windows 11 utgör en stor utmaning, särskilt för användare av äldre enheter som fortfarande är i gott skick. Med tanke på den miljöpåverkan som kan uppstå genom massavfall av dessa enheter är det viktigt att överväga alternativa lösningar.

Linux erbjuder ett utmärkt sätt att hantera denna utmaning. Med sin förmåga att köras på äldre och mindre kraftfulla enheter utgör det ett hållbart alternativ som gynnar både användare och miljö. Istället för att kassera fungerande hårdvara kan du hitta en effektiv, aktuell och miljövänlig lösning med Linux. Detta är inte bara ett praktiskt beslut, utan också ett bidrag till en mer miljömedveten framtid.

14.4 Personliga anteckningar

Personliga anteckningar

15. Kan Linux göra vad Windows kan?

När man tänker på operativsystem står Windows obestridligen i spetsen. Men frågan om Linux kan ersätta Windows blir allt mer relevant, särskilt när man ser på de pågående utvecklingarna och det växande inflytandet från Linux i teknikvärlden. Låt oss titta närmare på denna fråga och ta reda på om Linux verkligen har vad som krävs för att fungera som ett fullvärdigt alternativ till Windows.

Först och främst är det viktigt att känna igen att Linux har gjort stora framsteg under de senaste åren. Linux betraktades tidigare som operativsystemet för teknikentusiaster och IT-specialister, men idag erbjuder det en bred uppsättning funktioner som ofta kan konkurrera med Windows. Många Linux-distributioner erbjuder nu fullständiga skrivbordsmiljöer som inte bara är visuellt tilltalande utan också funktionellt omfattande.

Moderna Linux-distributioner som Ubuntu, Fedora och Linux Mint erbjuder användarvänliga grafiska gränssnitt som gör interaktionen med systemet lika intuitiv som med Windows. Programvaruhantering sker ofta via överskådliga programvarucenter som gör det lika enkelt att installera och uppdatera program som med Windows egen programvaruhantering.

En viktig punkt är också stödet för professionella tillämpningar. Medan Windows historiskt sett har varit det första valet för många professionella programvarulösningar, har alternativ successivt utvecklats. Program som GIMP för bildredigering, LibreOffice för kontorsapplikationer och Blender för 3D-design erbjuder kraftfulla funktioner som i många fall är jämförbara med deras kommersiella motsvarigheter. Utvecklarverktyg som Docker, Kubernetes och Visual Studio Code finns också tillgängliga på Linux.

Ett område där Linux särskilt utmärker sig är pålitlighet och säkerhet. Linux är känt för sin stabilitet och robusthet, vilket gör det till ett föredraget val för servrar och kritiska system. Den öppna källkoden för Linux möjliggör kontinuerlig granskning och förbättring av gemenskapen, vilket ökar säkerheten och minimerar risken för sårbarheter.

I kontrast utsätts Windows regelbundet för säkerhetshot. Den höga spridningen av Windows gör det till ett prioriterat mål för skadlig kod och virus. Trots alla säkerhetsåtgärder som Microsoft har vidtagit är Windows-system mer benägna att utsättas för attacker, särskilt om de inte uppdateras regelbundet. Linux, å sin sida, med sin robusta behörighetsstruktur och regelbundna säkerhetsgranskningar av gemenskapen, erbjuder en betydligt mindre angreppsyta för skadlig kod.

Det är inte bara privata användare som drar nytta av Linux fördelar. Även forskare och stora företag vänder sig alltmer till Linux. I forsknings- och utvecklingsvärlden är Linux allmänt använt då det erbjuder en flexibel och anpassningsbar plattform. Superdatorer, som anses vara de mest kraftfulla världen över, kör nästan uteslutande på Linux. TOP500-indexet, som listar de 500 mest kraftfulla superdatorerna, visar att mer än 90 procent av dessa maskiner körs med Linux.

Inom företagsvärlden är Linux också på frammarsch. Många stora företag, inklusive Google, Amazon och Facebook, använder Linux för sin serverinfrastruktur. Dessa företag använder Linux för dess stabilitet, säkerhet och kostnadseffektivitet. Det faktum att Linux erbjuder ett kostnadseffektivt alternativ till kommersiella operativsystem utan att kompromissa med prestanda är en betydande fördel.

Sammanfattningsvis kan Linux faktiskt ersätta Windows inom många områden. De avancerade skrivbordsmiljöerna, det omfattande programvarustödet och den överlägsna säkerheten gör det till ett kraftfullt alternativ. Medan Windows fortfarande är det ledande skrivbordsoperativsystemet har moderna Linux-distributioner i stor utsträckning stängt klyftan när det gäller användarvänlighet och funktionalitet.

Den breda acceptansen av Linux i den vetenskapliga och företagsvärlden talar volymer om dess prestanda och tillförlitlighet. Användningen av Linux på superdatorer och av ledande teknikföretag visar att det inte bara är lämpligt som serveroperativsystem utan också som ett seriöst alternativ för skrivbord och bärbara datorer.

Så om du funderar på om Linux kan vara ett alternativ till Windows för dig, bör du inte underskatta framstegen och fördelarna. Linux erbjuder dig den frihet, kontroll och säkerhet du behöver i dagens digitala värld – och till en bråkdel av kostnaden och miljöpåverkan som är förknippad med kommersiella operativsystem.

15.1 Linux Desktop Spridning

Hur långt har Linux kommit på skrivbordet? Låt oss titta på de aktuella siffrorna och fakta för att få en bättre förståelse för Linux närvaro och inflytande på desktop-marknaden.

Enligt de senaste statistiken ligger Linux marknadsandel på skrivbord och bärbara datorer på cirka 2 till 3 procent. Denna siffra kan verka liten jämfört med Windows, som har över 70 procent av marknaden. Ändå visar den en anmärkningsvärd närvaro för ett operativsystem som länge främst varit känt som ett server- eller utvecklaroperativsystem.

Linux spridning på skrivbordet har stadigt ökat under de senaste åren. Flera faktorer bidrar till denna utveckling. En viktig roll spelas av det ökande antalet användarvänliga distributioner som Ubuntu, Linux Mint och Fedora, som syftar till att underlätta för genomsnittliga användare att komma igång. Dessa distributioner erbjuder intuitiva grafiska användargränssnitt och enkla installationsprocesser som gör operativsystemet attraktivt för en bredare publik.

Dessutom har Linux öppna källkod lett till ett växande intresse bland tekniska entusiaster och utvecklare som anpassar och förbättrar systemet. Detta har avsevärt ökat både dess funktionalitet och användarvänlighet.

Förutom den allmänna desktop-marknaden har Linux tagit en betydande roll på nischmarknader. Till exempel är många Chromebooks – som är populära i utbildningsinstitutioner och bland kostnadsmedvetna konsumenter – utrustade med Chrome OS, som baseras på Linux. Linux hittar också fler anhängare inom digital konst och 3D-design, eftersom det erbjuder kraftfulla och specialiserade programvarulösningar som ofta är tillgängliga gratis eller till en bråkdel av kostnaden för kommersiell programvara.

En annan faktor som bidrar till Linux ökande spridning är dess användning av företag och utbildningsinstitutioner. Många skolor och universitet använder Linux för sina datorlab för att sänka kostnaderna och underlätta tillgången till kraftfull programvara. Företag använder också i allt högre grad Linux för att minska driftkostnaderna och öka flexibiliteten i sin IT-infrastruktur.

Enligt en undersökning från StatCounter och W3Counter, som undersöker användningen av operativsystem på webbplatser och i andra digitala miljöer, är Linux andel på skrivbord och bärbara datorer relativt stabil, men visar en kontinuerlig, om än långsam, tillväxttakt. Detta tyder på att allt fler människor och organisationer överväger Linux som ett seriöst alternativ till Windows.

Även om Linux för närvarande har en liten marknadsandel på skrivbord, finns det tydliga tecken på att detta kan förändras. Med den växande förekomsten av öppen källkod-programvara och ökad medvetenhet om integritet och säkerhet vänder sig fler människor till Linux som ett alternativ till kommersiella operativsystem.

Det är ett spännande kapitel i operativsystemens historia, och det återstår att se hur Linux desktop spridning kommer att utvecklas under de kommande åren. En sak är säker: Linux har länge lämnat sin nischexistens för att bli en seriös aktör på marknaden för skrivbordsoperativsystem.

15.2 Personliga anteckningar

Personliga anteckningar

16. Tack så mycket hittills

Jag vill nu tacka dig för att du har orkat läsa vidare och utforskat ämnena dataskydd, miljömedvetenhet och kostnadsbesparingar. Det är verkligen viktigt för mig att bidra till hur vi alla kan göra vår digitala värld säkrare, mer miljövänlig och kostnadseffektiv. Låt oss ta en närmare titt på de punkter som fick mig att dela denna information med dig.

1. Skydda dina data: Ett avgörande steg för din integritet

I en tid där personlig data har blivit en värdefull valuta är det avgörande att vidta åtgärder för att skydda vår integritet. Stora teknikjättar som Microsoft samlar ständigt in data om vår användning, ofta utan att vi är helt medvetna om det. Detta inkluderar inte bara våra sökbeteenden och platser, utan även vårt beteende i olika applikationer och tjänster.

Genom att använda operativsystem som Linux kan du ta ett betydande steg mot bättre dataskydd. Linux-distributioner är generellt utformade för att samla mindre personlig data och erbjuder dig mer kontroll över din information. Du kan bestämma vilka data som skickas till vem och har möjlighet att använda transparent och öppen mjukvara som stöds av en engagerad gemenskap som fokuserar på integritet och säkerhet. Till skillnad från kommersiella operativsystem betraktas din integritet här inte som en affärsmodell, utan respekteras.

2. Skydda miljön: Ett hållbart bidrag till vår planet
Förutom att skydda dina data är miljöskydd också en viktig fråga som inte längre kan ignoreras idag. Elektronikavfall är ett växande problem: Miljontals enheter hamnar på soptippar varje år eftersom de inte längre är kompatibla med de senaste mjukvarukraven. Detta leder till massiv miljöpåverkan från föroreningar och resursutnyttjande.

Med Linux kan du dock aktivt bidra till att minska detta avfall. Linux är känt för att fungera på en rad olika hårdvarukonfigurationer, inklusive äldre och mindre kraftfulla enheter. Istället för att kassera fungerande enheter på grund av inkompatibel mjukvara kan du fortsätta använda dem med en lättvikts-Linux-distribution. Detta förlänger livslängden på din hårdvara och minskar mängden elektronikavfall som produceras. Genom detta val bidrar du aktivt till att spara resurser och minska miljöpåverkan.

3. Lätta på din plånbok: Kostnadsbesparingar genom alternativ mjukvara

Slutligen bör vi inte förbise den ekonomiska aspekten. Kostnaderna för operativsystem och programvarulicenser kan snabbt öka, särskilt med tanke på de ständiga uppgraderingarna och nya versionerna. Windows 11 kräver till exempel inte bara ny hårdvara för många användare, utan även potentiellt extra kostnader för programvara och uppgraderingar.

Linux erbjuder ett attraktivt alternativ här. Många Linux-distributioner är gratis och öppen källkod, vilket betyder att du inte behöver budgetera för licenser eller dyra uppgraderingar. Många applikationer som du kanske behöver är också tillgängliga som öppen källkod-programvara, och därmed gratis. Detta ger dig inte bara betydande besparingar, utan också friheten att anpassa och utöka mjukvaran efter dina behov utan ekonomisk belastning.

Återigen ett hjärtligt tack för att du har läst så här långt. Det är uppmuntrande att se att allt fler människor medvetet engagerar sig i dessa viktiga frågor. Att skydda dina data, bevara miljön och minska kostnader är inte bara personliga bekymmer, utan bidrar också till en mer hållbar och rättvis digital värld.

Genom att välja att utforska alternativ som Linux gör du ett värdefullt bidrag på alla dessa nivåer. Ditt val kan inte bara förbättra din egen digitala upplevelse, utan också göra en positiv skillnad för vår värld och dina finanser. Jag hoppas att denna artikel har hjälpt dig att förstå sambanden och gett dig några användbara perspektiv.

Så, låt oss börja använda Linux!

16.1 Personliga anteckningar

Personliga anteckningar

17. Byta från Windows till Linux Mint

Jag kommer att guida dig genom övergången från Windows till Linux Mint, eftersom Linux Mint är det bästa valet för denna omställning. Användningen och sättet på vilket Linux Mint kan användas med sitt Cinnamon-skrivbord liknar Windows mycket. Dessutom är Linux Mint förinstallerat med många programvaruprodukter, inklusive e-postklient, LibreOffice, video, foto, grafikredigering, musik, internet och TV-applikationer. Linux Mint har också en »App Store« med tusentals gratisprogram som lämnar inget övrigt att önska.

17.1 Vad är Linux Mint?

Linux Mint är en av de mest populära Linux-distributionerna och riktar sig främst till användare som söker ett användarvänligt och stabilt alternativ till Windows. I detta kapitel kommer jag att diskutera Linux Mint historia, användning och fördelar samt unika egenskaper hos denna distribution.

Linux Mint grundades 2006 av den fransk-irländska utvecklaren Clément Lefèbvre. Den första versionen, »Ada,« var baserad på Kubuntu och använde KDE-skrivbordsmiljön. Ursprungligen började Linux Mint som en distribution baserad på Ubuntu och var särskilt uppskattad för sitt multimediastöd, då den kom förinstallerad med många codecs och drivrutiner. Under åren har Linux Mint utvecklats och erbjuder idag flera skrivbordsmiljöer, inklusive Cinnamon, MATE och Xfce, som alla är inriktade på användarvänlighet och stabilitet.

När det kommer till Linux Mint kan du välja mellan tre olika skrivbordsmiljöer: Cinnamon, MATE och Xfce. Var och en av dessa miljöer erbjuder sina egna fördelar och unika egenskaper som tar hänsyn till din arbetsstil och hårdvarukrav. Låt oss ta en närmare titt på dessa tre alternativ och ta reda på vilken som passar dig bäst. De mest kända är:

1. **Cinnamon:** Denna av Linux Mint utvecklade skrivbordsmiljö erbjuder ett modernt och elegant användargränssnitt som påminner om Windows. Cinnamon är känd för sin anpassningsbarhet och användarvänlighet.

Om du letar efter den mest aktuella och fullt utrustade skrivbordsmiljön är Cinnamon sannolikt ditt första val. Cinnamon är den mest populära versionen av Linux Mint och kärnan i distributionen. Utvecklad och underhållen av Linux Mint-gemenskapen erbjuder

Cinnamon ett modernt och elegant användargränssnitt som både är estetiskt tilltalande och funktionellt.

Cinnamon kännetecknas av sitt användarvänliga gränssnitt som starkt påminner om Windows, vilket underlättar övergången för tidigare Windows-användare. Miljön erbjuder en mängd anpassningsalternativ och nya funktioner som gör skrivbordet till en verklig upplevelse. Från den flexibla aktivitetsfältet till innovativ fönsterhantering – Cinnamon är utformat för att erbjuda en professionell och samtidigt anpassningsbar arbetsmiljö.

2. MATE: Denna skrivbordsmiljö är baserad på GNOME 2 och är idealisk för användare som föredrar ett traditionellt och resurssnålt gränssnitt.

Om du föredrar ett klassiskt utseende utan att kompromissa med hastighet, är MATE det rätta valet för dig. MATE är baserat på det äldre GNOME 2-designen och erbjuder ett välbekant, traditionellt användargränssnitt som många användare från tidigare uppskattar.

Den stora fördelen med MATE ligger i dess hastighet och resurssnålhet. Eftersom det är baserat på en mindre komplex kodbas är det utmärkt för äldre hårdvara eller system som är mindre kraftfulla. MATE erbjuder en stabil och tillförlitlig arbetsmiljö utan de extra funktionerna och belastningarna som modernare skrivbordsmiljöer kan medföra.

3. **Xfce:** En lättviktig och snabb skrivbordsmiljö som är särskilt lämplig för äldre hårdvara.

För dem som söker maximal prestanda på minimal hårdvara är Xfce den skrivbordsmiljö som gäller. Xfce är känd för sin lättviktighet och effektivitet. Den säkerställer att även äldre eller mindre kraftfulla maskiner kan köras smidigt utan att missa viktiga funktioner.

Trots sina låga systemkrav erbjuder Xfce en anpassningsbar och funktionell skrivbordsupplevelse. Den är mindre påträngande än Cinnamon eller MATE och fokuserar på att erbjuda en snabb, stabil och resurssnål miljö. Om du vill ha ett snabbt och responsivt skrivbord som fungerar bra på olika hårdvarukonfigurationer är Xfce ett utmärkt val.

Beslutet mellan Cinnamon, MATE och Xfce beror till sist på dina personliga preferenser och krav. Om du vill ha ett modernt, funktionsrikt och visuellt tilltalande system är Cinnamon förmodligen det bästa valet. Om du däremot värderar en klassisk, snabb och resurssnål miljö bör du överväga MATE. Och om du föredrar ett lättviktssystem för äldre hårdvara eller en minimalistisk setup är Xfce den ideala lösningen.

Var och en av dessa skrivbordsmiljöer har sina egna styrkor och egenskaper. Lyckligtvis är Linux Mint så flexibelt att du har möjlighet att prova olika miljöer och hitta den som passar din arbetsstil och dina behov bäst. Oavsett vilken du väljer erbjuder Linux Mint en solid grund för en produktiv och behaglig datorupplevelse.

Om du redan har installerat Linux Mint med en specifik skrivbordsmiljö och senare vill prova en annan, kan du även installera ytterligare paket från de officiella förvaringsställena. Till exempel kan du lägga till Cinnamon på en MATE-installation genom att installera de relevanta paketen.

Du kan också installera, prova och avinstallera andra fritt tillgängliga skrivbordsmiljöer om du vill. Du är helt fri att besluta och kommer säkert att hitta rätt skrivbord för dig. Windows kan inte mäta sig med det. Microsoft fattar det beslutet åt dig.

Användningen av Linux Mint är intuitiv och användarvänlig, vilket är särskilt fördelaktigt för den som byter från Windows. Här är några centrala aspekter av användningen:

1. **Installation:** Installation av Linux Mint är enkel. Den grafiska installationsprogrammet guidar dig steg för steg genom processen. Du kan installera Linux Mint antingen som det enda operativsystemet eller tillsammans med ett befintligt Windows-system.

2. **Skrivbord:** Skrivbordet i Linux Mint är klart strukturerat. Startmenyn finns längst ner till vänster och liknar den från Windows. Här hittar du applikationer, inställningar och systemverktyg. Aktivitetsfältet visar öppna applikationer och systemmeddelanden.

3. **Programhantering:** Med »Software Manager,« som jag gärna kallar »App Store,« kan du enkelt och bekvämt installera nya program. Det erbjuder ett stort urval av applikationer uppdelade i kategorier. Många välkända program som Firefox, LibreOffice och VLC är redan förinstallerade.

4. **Systeminställningar:** Genom »System Settings« kan du omfattande anpassa ditt system. Från utseende

till nätverksinställningar till användarkonton – allt är tydligt organiserat på ett ställe.

För Windows-användare erbjuder Linux Mint många fördelar:

1. **Kostnadsfritt och Open Source:** Linux Mint är gratis och all programvara baseras på open-source-licenser. Det finns inga licenskostnader som med Windows.

2. **Säkerhet:** Linux Mint anses vara mycket säkert. På grund av den lägre spridningen av Linux jämfört med Windows är skadlig programvara och virus betydligt sällsyntare. Dessutom erbjuder Linux Mint regelbundna säkerhetsuppdateringar.

3. **Prestanda:** Linux Mint är känt för sin goda prestanda, även på äldre hårdvara. Det kräver färre resurser än moderna Windows-versioner, vilket leder till en snabbare och smidigare användarupplevelse.

4. **Anpassningsbarhet:** Möjligheten att anpassa systemet och användargränssnittet efter dina önskemål är en stor fördel. Du kan lägga till teman, applets och desklets för att justera utseendet och funktionaliteten.

5. Programvaruutbud: Linux Mint erbjuder ett stort urval av gratis programvara. Många program som är kända på Windows finns också för Linux. För speciell Windows-programvara kan du ofta hitta alternativ eller köra Windows-program med Wine.

6. Gemenskap och Support: Linux Mint har en stor och aktiv gemenskap. I forum, wikis och bloggar hittar du omfattande stöd och vägledningar. Det finns också officiell dokumentation och supportalternativ.

Skillnader och Fördelar Jämfört med Windows:

1. Uppdateringspolicy: Medan Windows-uppdateringar ofta sker vid olämpliga tider och ibland tvingar systemstart, har du kontroll över uppdateringarna i Linux Mint. Du kan bestämma när och vilka uppdateringar som ska installeras.

2. Sekretess: Linux Mint respekterar din integritet. Det finns ingen tvingande telemetri eller datainsamling som med Windows 10 och 11.

3. Stabilitet: Linux Mint är känt för sin stabilitet. Det är baserat på stabila versioner av Ubuntu och Debian och får regelbundna säkerhets- och underhållsuppdateringar som håller systemet pålitligt.

4. Modularitet: Linux Mint är modulärt uppbyggt. Det innebär att du kan byta ut eller lägga till enskilda komponenter efter dina behov utan att behöva installera om hela systemet.

Mein Kurz-Fazit:

Linux Mint är ett utmärkt val för alla som söker ett användarvänligt, stabilt och säkert alternativ till Windows. Med sitt utbud av skrivbordsmiljöer, omfattande anpassningsmöjligheter och många fördelar jämfört med Windows erbjuder Linux Mint ett kraftfullt och flexibelt operativsystem för både nybörjare och erfarna användare. Om du är redo att prova något nytt och dra nytta av de många fördelarna med Linux Mint kan en övergång till denna Linux-distribution vara precis rätt för dig. Och det vill vi göra tillsammans nu, eller hur?

17.2 Personliga anteckningar

Personliga anteckningar

18. Förberedelse för omställningen

Övergången från Windows till Linux är ett stort steg som bör planeras och förberedas noggrant för att säkerställa en smidig övergång. I det här kapitlet beskrivs alla viktiga överväganden och steg som du bör ta innan och under omställningen. Dessa inkluderar att välja rätt distribution, som jag redan nämnt att jag kommer att introducera dig för Linux Mint, säkerhetskopiera dina data, förbereda hårdvaran och sätta dig in i det nya systemet.

18.1 Vad du behöver

1. En extern hårddisk som är större än lagringen på datorn – för att rymma ALLA data och Windows-avbildningen. Se till att hårddisken är i bra skick. Den får inte gå sönder under processen.

2. Molnlagring. Om du inte har en hårddisk eller om din inte räcker till, kan molnlagring också användas för en backup. Du kan också bränna DVD-skivor. Det viktiga är att ha en pålitlig backup.

3. Paragon Backup 17 CE. Det här gratis backup-verktyget kan du ladda ner från Paragon.

4. USB-minne för Paragon Rescue Environment. Jag rekommenderar ett 16GB-minne. Du behöver detta minne för att starta Paragon Rescue Environment vid fel och för att skapa en Windows-backup. Efter att ha skapat räddningsminnet rekommenderar jag att du märker det med en permanent marker.

5. Ett andra USB-minne för Linux live-miljö och Linux-installatör. Jag rekommenderar ett 16GB-minne.

6. Hårdvaruinventering. Gå till Kontrollpanelen, Enhetshanteraren och notera de installerade enheterna. Om du har en relativt modern, standard PC eller laptop bör Linux Mint fungera utan problem. Men som alltid är detaljerna viktiga. Du kan också ta skärmdumpar och skriva ut dem. Det viktigaste är att du senare kan identifiera komponenterna i din dator. Vanligtvis behöver du inte denna hårdvarulista – men om du behöver den av någon anledning är det bättre att ha den.

7. Programvaruinventering. Notera vilken programvara som är installerad och vilka du använder. Office, Photoshop och så vidare. Det finns ett alternativ för nästan varje produkt i Linux. Det är dock möjligt att ett speciellt program kanske inte fungerar på Linux, och du kan behöva WINE (Wine Is Not an Emulator). Du behöver veta exakt vilka produkter du använder.

8. Konton och inloggningar. Du behöver alla dina konton och deras inloggningsuppgifter för att kunna använda dem i Linux. Jag rekommenderar: Installera Firefox-webbläsaren på din Windows-dator och skapa ett Firefox Sync-konto, aktivera tvåfaktorsautentisering i Firefox-kontot. Logga in på alla tjänster och spara lösenorden i Firefox. Alternativt kan du installera Keepass eller KeepassXC och spara alla dina inloggningar och konton i ett säkert lösenordsskydd. Kom ihåg att inkludera e-postkonton, Facebook, Instagram, Twitter, Amazon, bankinloggningar och så vidare.

9. Tid och tålamod. Du kommer att behöva tid och tålamod. Samla alla konton och spara dem i Firefox eller Keepass. Få en översikt över hårdvara och programvara. Ju fler data på PC, desto mer tid tar backuperna. Gör allt detta lugnt först och säkra alla data. Först därefter bör du börja själva omställningen.

18.2 Säkerhetskopiering av data

Innan vi kan börja med övergången från Windows till Linux är en omfattande säkerhetskopiering av data avgörande. Följ dessa steg:

1. **Extern hårddisk eller moln:** Säkerhetskopiera dina viktiga filer till externa hårddiskar eller till molnet, om du har en pålitlig lagringslösning som bara du kan komma åt. Detta säkerställer att dina data är skyddade vid eventuella fel under installationen.

2. **Systemavbildning:** Skapa en komplett systemavbildning av ditt Windows-system. Detta gör att du kan återgå till ditt gamla system om det behövs. Jag går igenom detta mer detaljerat i kapitlet om Paragon Full Backup. Detta blir nästa kapitel – eftersom en fullständig säkerhetskopiering av systemdisken är det första vi gör innan vi gör några ändringar i systemet.

3. **Applikationsdata:** Säkerhetskopiera konfigurationsfiler och applikationsdata, särskilt om du använder specifik programvara vars data måste migreras.

18.3 Backup och Full Backup av Windows

Eftersom fel kan inträffa vid varje ändring av systemet är en bildsäkerhetskopiering – en fullständig säkerhetskopiering av systemet – oumbärlig.

Du behöver en hårddisk eller en annan lagringsenhet som åtminstone är lika stor som din systemdisk där Windows är installerat. Det är bättre om du har en extra extern hårddisk som är åtminstone lika stor som alla enheter i din dator som innehåller data.

Jag rekommenderar det gratis "Paragon Backup 17 CE" för privata användare eftersom det är mycket pålitligt och jag har gjort många tester med det. Fullständiga och bildsäkerhetskopior fungerar extremt bra. Jag har inte stött på några fel vid återställning av en dator. Jag har en guide och all information för gratis nedladdning på min webbplats: https://ralf-peter-kleinert.de/sicherheit-in-der-it/paragon-backup-kostenlos.html

1. **Ladda ner Paragon Backup 17 CE** från tillverkarens webbplats. Vänligen endast från tillverkarens webbplats och ingen annanstans. Du hittar länken till tillverkaren på min webbplats. Jag betonar detta av säkerhetsskäl, eftersom illvilliga aktörer kan sprida manipulerade installationsprogram.

2. **Installera Paragon Backup 17 CE** på din Windows-dator. Starta Paragon och följ instruktionerna på skärmen. Skapa räddningsmiljön på ett USB-minne enligt Paragons förslag (använd denna Windows-avbildning). Välj disken som ska säkerhetskopieras (vanligtvis c:) och välj hela hårddisken. Välj måldisken och låt Paragon genomföra säkerhetskopieringen i

lugn och ro. Det beror på storleken på din hårddisk eller SSD. Säkerhetskopieringen kan ta timmar.

Även utan en planerad övergång från Windows till ett annat system är Paragon ett program som kan vara en livräddare vid nödsituationer.

18.4 Personliga anteckningar

Personliga anteckningar

19. Ladda ner Linux Mint och Rufus

För att starta Linux Mint behöver du ett USB-bootstick. Du behöver Linux Mint ISO-avbildningen för att skapa stickan, och programmet Rufus, som skapar en bootbar sticka från ISO-avbildningen.

1. Ladda ner "Linux Mint" från tillverkarens webbplats: https://www.linuxmint.com/. Avbildningen är cirka 3 GB stor och nedladdningen tar därmed tid.

2. Ladda ner "Rufus" från: https://rufus.ie/de/. Du kan köra Rufus utan att behöva installera det.

3. Ta ett USB-minne (rekommenderat 16 GB) och se till att det inte innehåller några viktiga data. Se också särskilt till att du inte använder Paragon-räddningsstickan.

19.1 Skapa en Linux Mint Bootstick

Jag har särskilt laddat ner Linux Mint och Rufus för dessa instruktioner, formaterat ett 32 GB USB-minne och kommer att visa dig processen steg för steg.

Det som är riktigt bra med Linux Mint är att du enkelt kan testa det som ett live-system utan att göra några ändringar på ditt befintliga operativsystem. Med ett live-USB-minne eller en live-DVD kan du starta Linux Mint direkt från detta medium och använda det fullt ut, som om det vore installerat på din hårddisk. Detta gör att du kan uppleva användargränssnittet, de förinstallerade applikationerna och systemets allmänna prestanda i en verklig miljö. Dessutom erbjuder Linux Mint ett användarvänligt gränssnitt och en mängd applikationer som fungerar direkt efter installation, vilket är särskilt attraktivt för nybörjare inom Linux-världen. Efter testet kan du helt enkelt starta om datorn, och ditt ursprungliga operativsystem förblir oförändrat.

1. Starta Rufus och välj din sticka under "Enhet".

2. Klicka på knappen "VÄLJ", hitta Linux Mint ISO-avbildningsfilen i din nedladdningsmapp. För mig är det: linuxmint-21.3-cinnamon-64bit-edge.iso, och dubbelklicka på filen eller markera den och klicka på "Öppna". Rufus kommer att ladda filen och automatiskt konfigurera inställningarna för: Partitionsschema, målssystem, enhetsnamn, filsystem och klusterstorlek.

3. Klicka på "Start" längst ner. Ett fönster kommer att visas som säger ISOHybrid-avbildning upptäckt. Lämna inställningen som rekommenderad och klicka

på "OK". Det är möjligt att ett annat fönster öppnas och informerar dig om att ytterligare data behöver laddas ner. I så fall klicka på "Ja". En varning kommer att visas om att alla data på stickan kommer att raderas. Om du är säker på att det inte finns någon viktig data på stickan, klicka på "OK". Rufus kommer nu att skapa stickan:

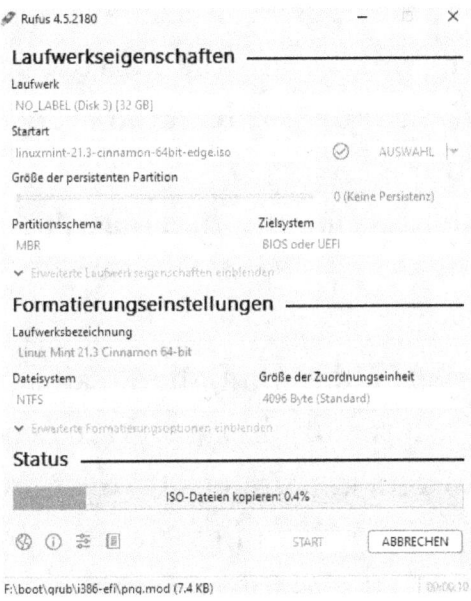

När Rufus har skapat stickan kommer du att se "KLAR" i det gröna området. Klicka på "STÄNG".

Stickan är nu klar och du kan använda den för att starta Linux Mint. Som tidigare nämnts behöver Linux inte ens installeras för att prova det, eftersom Linux

Mint kan startas som ett live-system och körs direkt från RAM-minnet.

19.2 Starta Linux som ett Live-system

För Linux-nybörjare är det alltid rekommenderat att först starta live-systemet av Linux Mint för att säkerställa att datorns hårdvara är helt kompatibel. Denna metod tillåter användarna att uppleva operativsystemet i en verklig miljö utan att ändra det befintliga systemet. Dessutom är det fördelaktigt att bekanta sig med Linux Mint
gränssnitt och funktioner innan man gör en installation.

Live-systemet erbjuder möjligheten att samla första erfarenheter och se hur olika program och inställningar fungerar. Detta kan underlätta övergången och minska den initiala inlärningskurvan, eftersom du redan har utvecklat viss förtrogenhet med systemet innan du bestämmer dig för en fullständig installation.

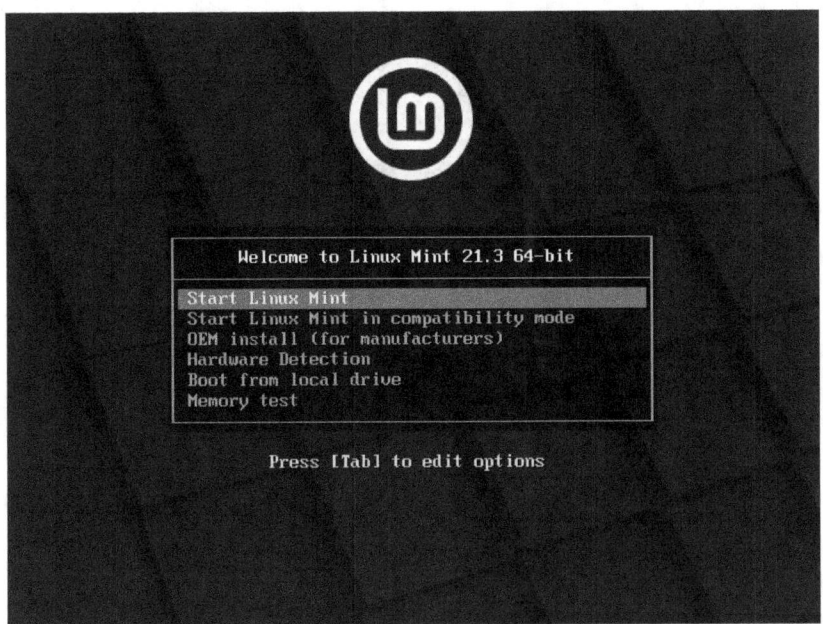

På nästa sida ser du 2 bilder av Linux Mint-skrivbordet.

Slut med Windows!

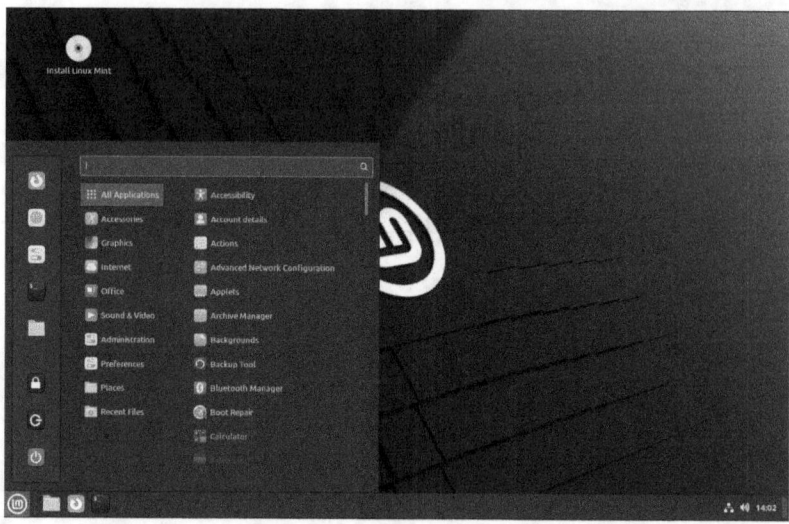

19.3 Förberedelse av hårdvaran

Kontrollera din hårdvara för kompatibilitet och gör justeringar vid behov:

1. Drivrutiner: Kontrollera tillgängligheten av drivrutiner för din hårdvara. De flesta moderna distributioner stöder en bred uppsättning hårdvara, men specifika enheter som skrivare eller grafikkort kan kräva ytterligare drivrutiner.

2. Partitionering: Överväg hur du vill partitionera din hårddisk. Det är användbart att skapa en separat partition för dina personliga data för att skydda dem vid framtida systemuppdateringar eller -ändringar.

3. Periferienheter: Testa alla dina periferienheter som skrivare, skannrar och externa enheter med live-versionen av den valda distributionen för att säkerställa att de är kompatibla.

19.4 Personliga anteckningar

Personliga anteckningar

20. Min rekommendation Live-läge

Innan du bestämmer dig för att installera Linux Mint på din dator och potentiellt skriva över ditt befintliga Windows-operativsystem, rekommenderar jag starkt att du först använder live-läget av Linux Mint. Live-läget låter dig prova Linux Mint utan att göra några ändringar på ditt nuvarande system. Låt oss gå igenom varför detta är ett så smart beslut och varför du inte behöver oroa dig. Jag kommer att ta upp den korrekta installationen av Linux Mint i nästa kapitel.

1. Inga risker för ditt nuvarande system
Live-läget av Linux Mint är ett utmärkt sätt att testa operativsystemet utan att riskera ditt befintliga Windows eller ett annat operativsystem. I live-läget kör Linux Mint direkt från USB-stickan eller DVD
   utan att göra några ändringar på din hårddisk eller ditt aktuella operativsystem. Du kan använda alla funktioner och applikationer av Linux Mint utan att ändra på din nuvarande installation.

Varför är detta viktigt? För att du i detta läge kan uppleva Linux Mint fullt ut utan risken att av misstag förlora data eller skada ditt nuvarande system. Du behöver inte oroa dig för att något ska gå fel medan du testar Linux Mint—ditt Windows-system förblir intakt och oförändrat.

2. Full funktionalitet utan installation

I live-läget har du möjlighet att uppleva hela funktionaliteten hos Linux Mint. Du kan testa alla förinstallerade applikationer, navigera genom systemet och bekanta dig med användargränssnittet.

Varför är detta användbart? För att du kan ta reda på om Linux Mint uppfyller dina behov innan du fattar ett slutgiltigt beslut. Du kan testa användargränssnittet, se hur väl mjukvaran fungerar på din hårdvara och kontrollera om alla nödvändiga funktioner finns. Detta ger dig en klar översikt över hur Linux Mint fungerar i praktiken utan att behöva binda dig till en installation.

3. Snabb och säker testning

Att prova Linux Mint i live-läge är inte bara säkert utan också snabbt och enkelt. Du behöver inte göra några ändringar eller installationer på din hårddisk—bara sätt i USB-stickan, starta om datorn och du är redo att testa Linux Mint.

Varför är detta fördelaktigt? För att live-läget ger en snabb möjlighet att utforska Linux Mint utan att behöva hantera de ofta tidskrävande och komplexa installationsprocesserna. Du kan inom några minuter se om systemet uppfyller dina förväntningar utan att gå vilse i installationsdetaljerna.

4. Testa utan förpliktelser

Live-läget tillåter dig att testa Linux Mint helt utan förpliktelser. Om du upptäcker att det inte motsvarar dina förväntningar eller att du inte hittar vissa funktioner, kan du enkelt ta bort USB-stickan och fortsätta använda din dator som vanligt.

Varför är detta lugnande? För att du inte behöver göra en långsiktig förpliktelse. Du kan prova Linux Mint efter eget tycke och omedelbart återgå till ditt befintliga operativsystem om det inte är rätt för dig. Detta minimerar stressen och osäkerheten som ofta är förknippad med installation av nya operativsystem.

5. Felsökning och hårdvarukompatibilitet

En annan stor fördel med live-läget är att det hjälper dig att identifiera potentiella hårdvaruproblem innan du genomför en fullständig installation. Du kan se hur väl Linux Mint fungerar med din hårdvara—om alla drivrutiner laddas korrekt, om det finns problem med skärmupplösningen eller om specifika hårdvarukomponenter känns igen på rätt sätt.

Varför är detta viktigt? För att du kan upptäcka potentiella problem i ett tidigt skede utan att behöva gå igenom besväret med en fullständig installation. Om du stöter på problem kan du åtgärda dem i live-läget eller ta reda på om det finns lösningar innan du fattar ett slutgiltigt beslut om installation.

6. Sammanfattning

I live-läget kan du alltså testa Linux Mint grundligt utan att riskera ditt befintliga system eller göra några ändringar på din hårddisk. Det är det bästa sättet att bekanta sig med operativsystemets användargränssnitt och funktioner, kontrollera hårdvarukompatibiliteten och avgöra om Linux Mint passar dina behov—utan någon risk.

Enkelt uttryckt: Live-läget är den ideala lösningen för alla som är oroliga för potentiella problem vid installation. Du kan prova Linux Mint utan risk och få en omfattande bild av operativsystemet innan du bestämmer dig för om det ska installeras på din dator. Så oroa dig inte och använd denna möjlighet för att uppleva fördelarna med Linux Mint utan några förpliktelser.

20.1 Personliga anteckningar

Personliga anteckningar

21. Slut på de grundläggande förberedelserna

Kära läsare och intresserade, hittills så bra. Vi har nu diskuterat i detalj varför en övergång från Windows till Linux Mint är ett verkligt alternativ. Jag har analyserat för- och nackdelar med att använda molnet och introducerat dig till installationsprocessen för Linux Mint. Säkerställandet av dina data och utförandet av säkerhetskopior har varit avgörande steg.

Även om Windows kan anpassas på många sätt för att minimera datatrafik, behålls full kontroll endast när systemet är offline. Jag har arbetat med Windows i många år och uppskattat det, men de aktuella utvecklingarna väcker oro för mig. Om du har köpt denna bok delar du förmodligen denna skepsis.

Denna bok är inte riktad till Linux-proffs, utan till alla som vill göra övergången till Linux Mint så smidig som möjligt. Det är omöjligt att täcka varje aspekt av Linux, men jag kommer att guida dig genom de viktigaste funktionerna och programmen för att säkerställa att du kan arbeta produktivt med ditt nya system.

Tänk på att varje dator är unik. Hårdvarukonfigurationer kan individuellt påverka upplevelsen av Linux

Mint. Så håll utkik efter de kommande kapitlen, där vi kommer att lära känna systemet närmare och förbereda oss för praktiskt arbete.

21.1 Personliga anteckningar

Personliga anteckningar

22. Installera Linux Mint

Efter att du har skapat ett Linux Mint-startminne som beskrivits tidigare är det dags att starta Linux Mint.

1. Förbered och Sätt in USB-Sticken

Se till att ditt USB-minne är korrekt förberett och att Linux Mint är installerat på det. Sätt in USB-sticken i en ledig USB-port på din dator.

2. Starta Om Datorn

För att starta från USB-sticken måste du starta om din dator. Du kan antingen starta om från Start-menyn eller hålla ned strömbrytaren i några sekunder och sedan trycka på den igen för att initiera en omstart.

3. Åtkomst till BIOS/UEFI

När du startar om datorn måste du gå in i BIOS- eller UEFI-inställningarna för att justera startordningen. Här kan du ange vilket medium din dator ska starta från.

- BIOS/UEFI Åtkomst: Normalt sett ser du ett kort meddelande på skärmen vid start av datorn som anger vilken tangent du ska trycka på för att gå in i BIOS eller UEFI. Denna tangent kan vara en av följande: Esc, F1, F2, F8, F10, F11, F12 eller Del.

- Macs: Om du använder en Mac, håll ned Alt- eller Option-tangenten efter startljudet för att komma till startmenyn.

4. Välj Startenhet

När du är i BIOS- eller UEFI-menyn måste du ändra startordningen för att säkerställa att din dator startar från USB-sticken.

- Startmeny: Många system erbjuder en särskild tangent för att direkt komma till startmenyn. Denna tangent kan vara F12, Esc eller en annan tangent som visas på skärmen. Välj USB-sticken som startalternativ här.
- BIOS/UEFI Inställningar: Om du ändrar startordningen direkt i BIOS eller UEFI, navigera till lämpliga inställningar och sätt USB-sticken som den första enheten i startordningen. Spara ändringarna och avsluta BIOS/UEFI.

5. Starta Linux Mint

Efter att du har justerat startordningen kommer din dator att starta från USB-sticken. Beroende på vilket läge ditt system körs i kommer du att se olika menyer:

- **EFI-Läge:** Om ditt system körs i EFI-läge (UEFI-läge) kommer du att se en GRUB-meny. GRUB är bootloadern som ger dig olika alternativ för hur du vill starta Linux Mint. Välj helt enkelt standardalternativet för att fortsätta.
- **BIOS-Läge:** Om ditt system körs i BIOS-läge (Legacy-läge) visas en ISOLINUX-meny. Denna meny erbjuder liknande alternativ som GRUB men i en annan format.

6. Live-läge eller Installation

När du når Linux Mint-startmenyn kan du välja om du vill prova Linux Mint i Live-läge eller installera det direkt på din dator. Live-läge gör det möjligt för dig att testa systemet utan att göra ändringar i din befintliga installation. Om du väljer att installera fortsätter du helt enkelt med de instruktioner som visas på skärmen för att installera Linux Mint på din dator.

22.1 Utföra en Komplett Installation

Jag kommer att guida dig genom den kompletta installationen av Linux Mint 22 Wilma med Cinnamon-skrivbordsmiljön. Wilma är den aktuella versionen av Linux Mint i augusti 2024. Du kan ladda ner ISO-filen här: https://www.linuxmint.com/download.php. ISO-filen är cirka 2,7 GB stor, så nedladdningen kan ta lite tid. I de tidigare kapitlen har jag hänvisat till Linux Mint 21 Virginia. Därför kommer vi i detta kapitel att använda den extra nedladdningen av version 22 Wilma.

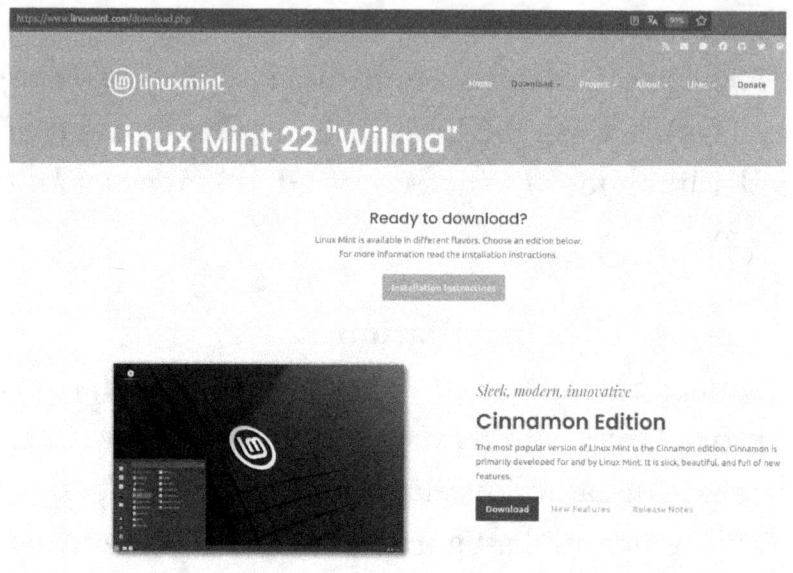

Som beskrivs i kapitel 19, skapa en Linux Mint-startsticka och starta från den. Du kommer att se skärmen »Welcome to Linux Mint 22«. Välj det första alternativet, »Start Linux Mint«:

Det första alternativet startar live-miljön. Här kan du först kontrollera om allt fungerar. Det är mycket likt det du är van vid från Windows. I det nedre vänstra hörnet finns Linux Mint-logotypen som startknapp för startmenyn. I startmenyn finns applikationer som Accessories, Graphics, Internet, Office, Sound & Video, Administration, Preferences och fler. Vid första start kommer allt fortfarande att vara på engelska. Operativsystemet kan dock ställas in på tyska under eller efter installationen. Testa om alla applikationer, som Office, startar korrekt. Kan du komma åt internet med Firefox? Om din dator är ansluten till internet bör allt fungera. Eftersom Mint för närvarande körs från stickan är allt lite långsamt. Men detta förbättras avsevärt efter installationen.

Jag förutsätter att alla tester har fungerat, att LibreOffice har startat, att Firefox kan ansluta till internet, och så vidare.

Dubbelklicka nu på CD-ikonen med texten »Install Linux Mint« uppe till vänster. Installationsprogrammet startar. Välj ditt önskade språk. Jag väljer tyska. Klicka på Fortsätt:

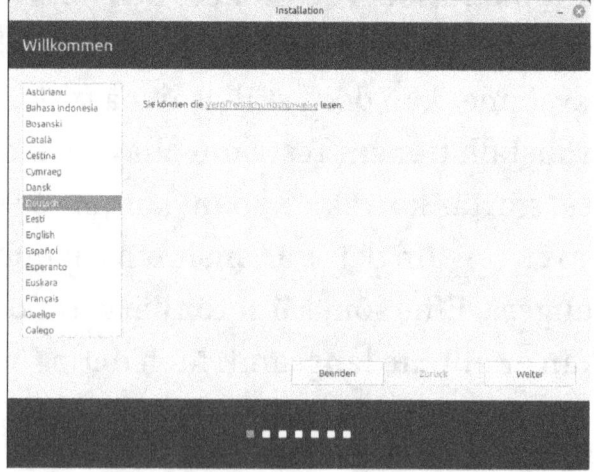

Välj ditt önskade tangentbordslayout. Jag väljer German (vänstra fönstret) och German (högra fönstret). Klicka på Fortsätt:

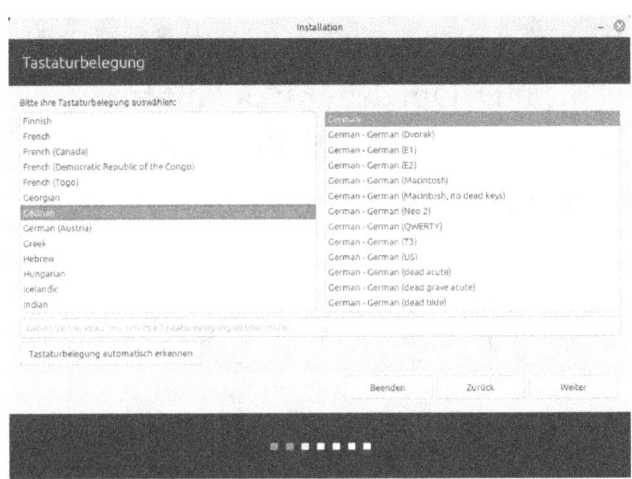

Sätt ett kryss i rutan för »Installera multimediacodecs« och klicka på Fortsätt:

Välj installationssätt. Jag väljer »Radera disk och installera Linux Mint« eftersom jag vill byta och har säkerhetskopierat alla mina data. Jag har en fullständig Windows-säkerhetskopia och kan återställa den vid behov. Alla dokument och foton har jag också säkerhetskopierat separat på en extern hårddisk. Inget kan gå fel för mig. Om det är likadant för dig, eller om du har en separat hårddisk för ditt Linux Mint, välj den här och markera även »Radera disk...«. Klicka på Fortsätt:

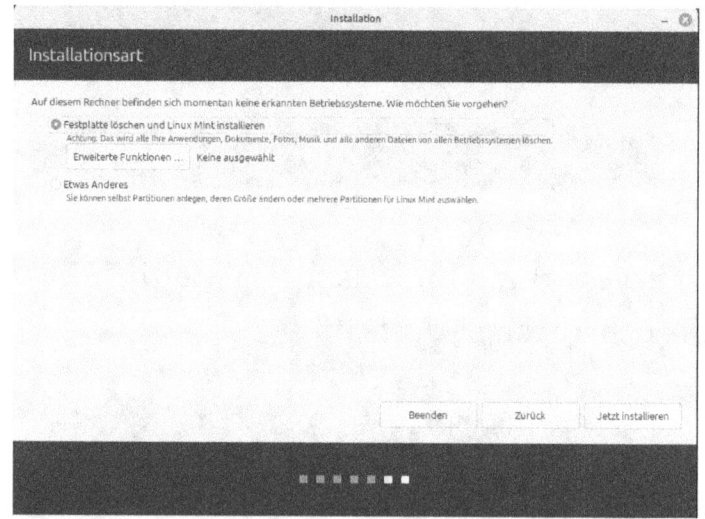

Ett varningsfönster kommer att visas som du bör läsa. Det informerar om att de valda ändringarna kommer att skrivas till disken. Om du godkänner detta, klicka på Fortsätt:

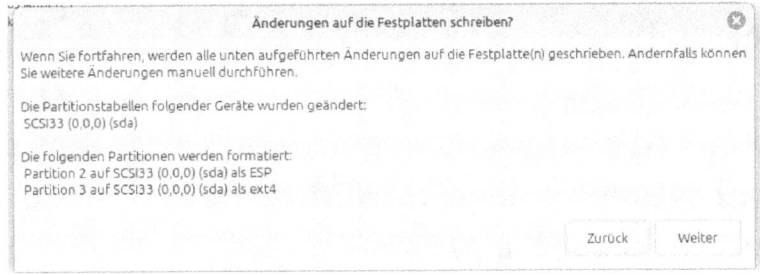

Välj din plats i »Var befinner du dig?«

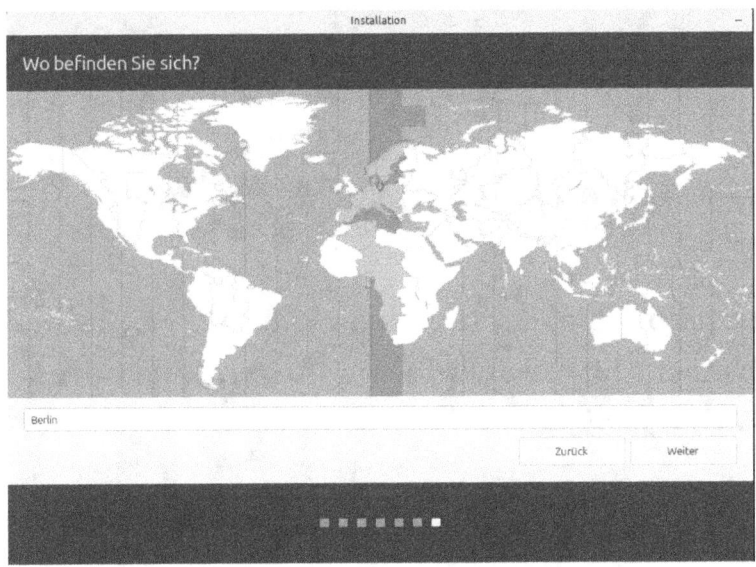

Fyll i formuläret »Vem är du?«. Ange ditt namn och ge din dator ett namn (t.ex. Linux-Mint-PC). Välj ditt användarnamn och ett säkert lösenord. Jag rekommenderar att du behåller »Kräv lösenord för inloggning« aktiverat.

Du kan aktivera »Kryptera min personliga mapp« om du vill. Jag rekommenderar dock att du aktiverar det senare. Klicka sedan på Fortsätt:

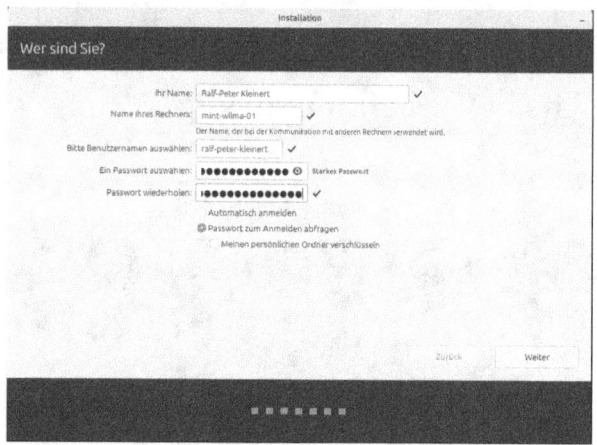

Installationen pågår nu och du kan titta på det lilla bildspelet. Här får du information om vad Linux Mint kan erbjuda dig:

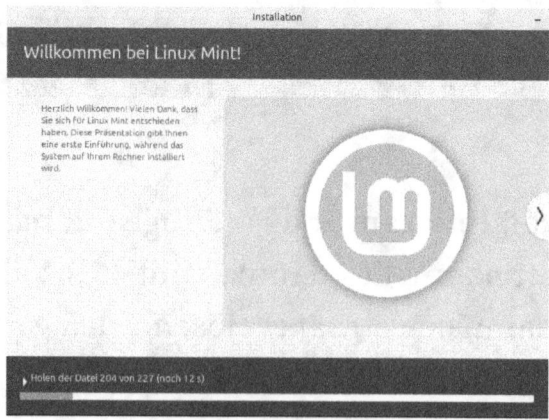

Efter installationen kommer Linux Mint att rapportera framgång och erbjuda dig att starta om. Klicka på »Starta om nu« och följ sedan instruktionerna på skärmen för att ta bort installationsmediet och trycka på Enter:

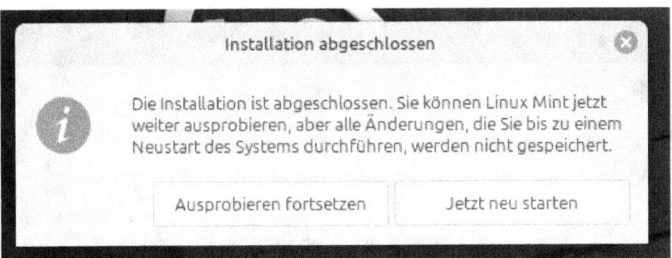

Efter att du har tagit bort stickan och tryckt på Enter kommer systemet att starta om och inloggningsskärmen kommer att visas. Skriv in det lösenord du just ställt in och tryck på Enter:

Linux Mint startar nu och visar efter en kort stund sin välkomstskärm:

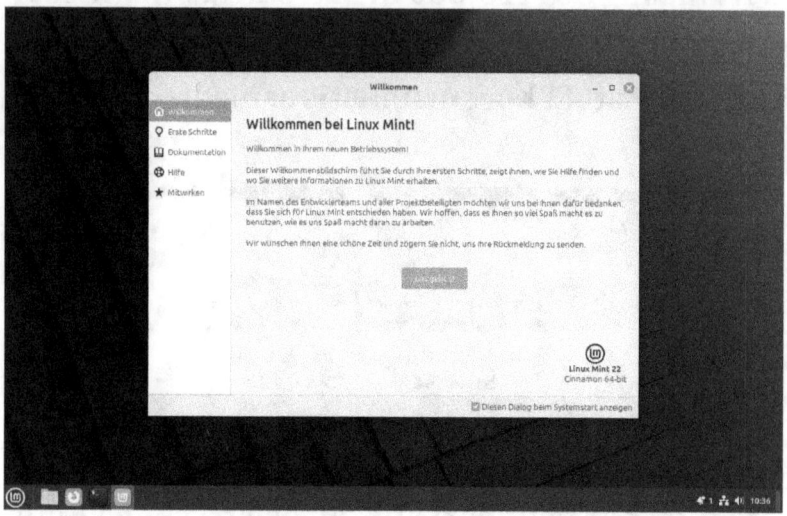

Läs välkomstdialogen noggrant; den ger detaljerad information om vad du bör göra först och ger en första introduktion.

Klicka dig igenom navigeringen och börja med »Komma igång.« Dialogen är verkligen självinstruerande, och jag tror inte att det krävs mycket förklaring från min sida.

22.2 Personliga anteckningar

Personliga anteckningar

23. Välkommen efter installationen

Så länge som kryssrutan »Visa denna dialog vid systemstart« är markerad i välkomstdialogen, kommer skärmen att visas vid varje uppstart. Låt inställningen vara aktiverad för nu så att du alltid har den viktigaste informationen i sikte. Senare, när Linux Mint har blivit en vana, kan du stänga av det.

23.1 Första uppgift: Uppdateringar

Scrolla ner i välkomstdialogen under »Första steg« till »Uppdateringshanterare« och klicka på den knappen »Start«.

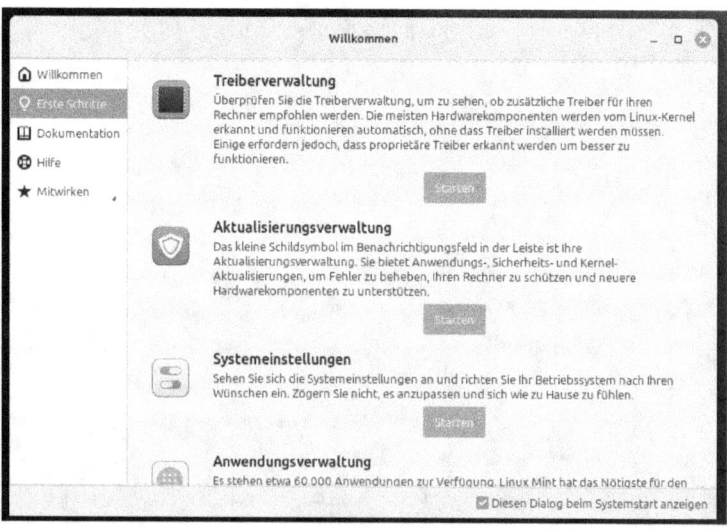

»Uppdateringshanteraren« öppnas och fönstret kommer att beskriva exakt vad denna hanterare gör. Läs verkligen varje dialog noggrant. Då är du alltid ett steg före i min bok. Klicka på »Bekräfta«:

Efter en nyinstallation kommer Uppdateringshanteraren att hitta en mängd uppdateringar. Klicka på knappen »Installera uppdateringar« högst upp.

Den blå bannertexten »Vill du byta till en lokal spegelserver?« kan du först ignorera. Ett fönster öppnas och informerar om kommande ändringar. Klicka på OK:

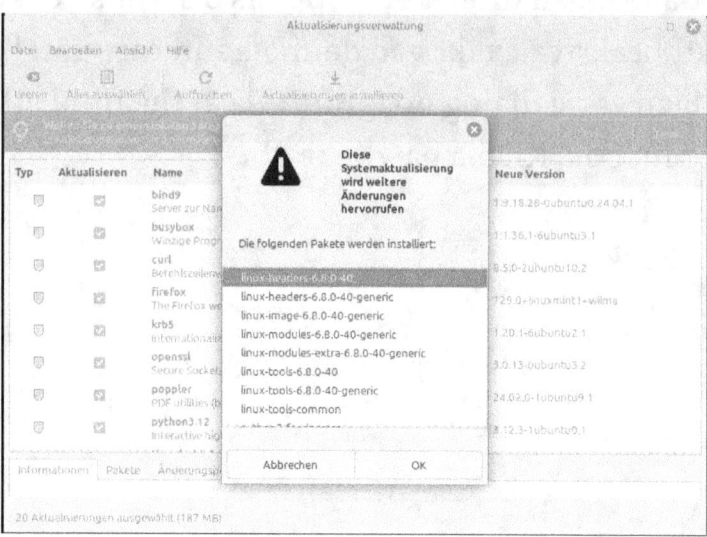

Efter att du har klickat på OK kommer systemet att be om ditt lösenord. Under Linux kan inte vem som helst bara installera eller avinstallera programvara. Linux skyddar konsekvent viktiga filer, mappar, inställningar och processer med systemadministratörens lösenord.

Detta är en del av säkerhetskonceptet. Skriv in ditt lösenord, och Linux börjar installera uppdateringarna:

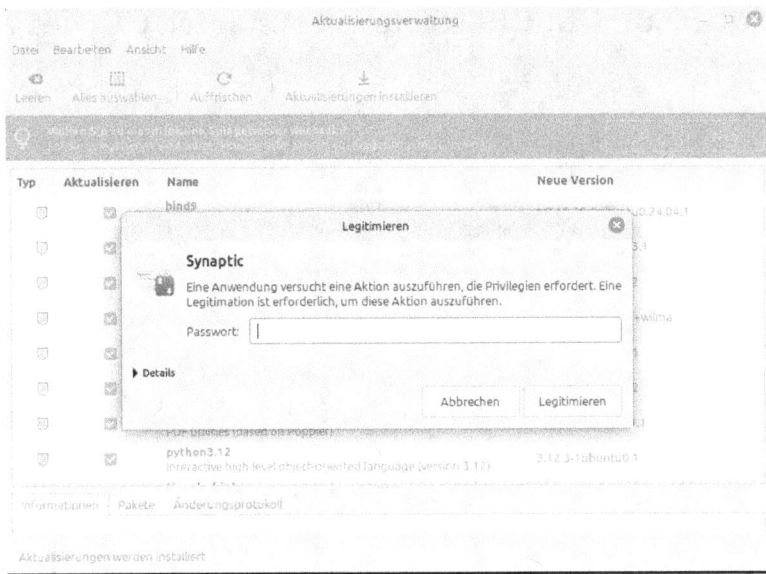

Efter att du har angett lösenordet kommer paketen att laddas ner:

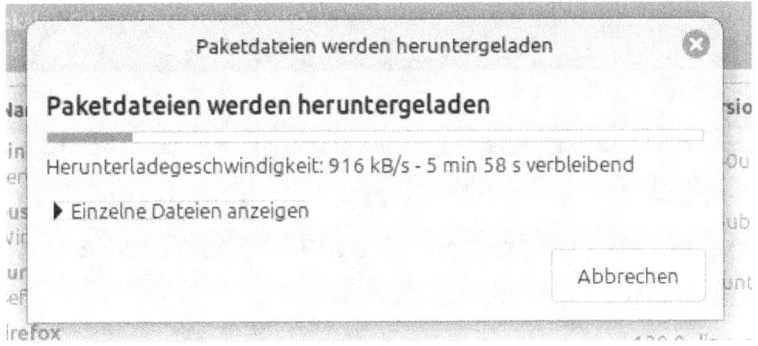

Det kan ta ett tag innan alla paket har laddats ner och installerats. Låt systemet installera uppdateringarna i fred. Efter stora uppdateringar efter en nyinstallation kan du bli ombedd att starta om systemet. Gör det gärna:

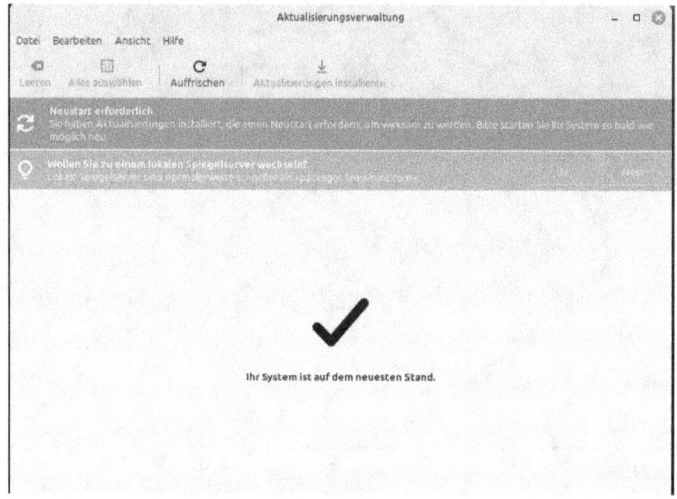

För att starta om, stäng Uppdateringshanteraren genom att klicka på x i det övre högra hörnet av fönstret.

Gå till Startknappen på aktivitetsfältet (liknande Windows aktivitetsfält) och klicka sedan på den röda strömbrytaren märkt »Stäng av«. Fönstret »Session« öppnas. Klicka på »Starta om«:

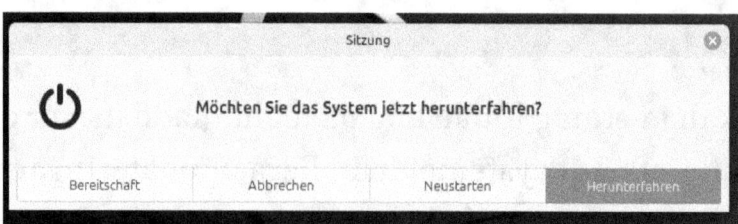

23.2 Andra uppgiften: Systemavbilder

Så, kära läsare, vi har nu framgångsrikt installerat Linux Mint tillsammans och använt uppdateringshanteraren för att installera de senaste Linux-uppdateringarna. Med de första stegen slutförda och ditt system uppdaterat, går vi nu till en av de kanske viktigaste inställningarna i Linux Mint: systemavbilder.

Innan vi går in på detaljerna och går igenom installationen steg för steg, låt mig först förklara varför denna funktion är så viktig, hur den kommer att vara värdefull i din vardag och hur den kan hjälpa dig att undvika större problem innan de ens uppstår.

En systemavbild, förenklat, är en slags bild av systemets aktuella tillstånd. Föreställ dig att du just har installerat Linux Mint, ställt in alla dina program och kanske till och med börjat redigera några dokument eller sortera filer. Allt fungerar smidigt, men vad händer om en större uppdatering går fel, ett program plötsligt destabiliserar systemet, eller du av misstag raderar en kritisk systemfil? I sådana ögonblick kan det snabbt bli frustrerande, och ofta skulle en ominstallation vara det sista, men tyvärr nödvändiga alternativet – om du inte har förberett dig.

Här kommer systemavbilder in i bilden. Med en avbild kan du när som helst återställa ditt system till ett tidigare, funktionellt tillstånd. Det innebär att även efter allvarliga fel behöver du inte börja om från början. Avbilden fryser i princip din dator i ett perfekt tillstånd, och om något går fel kan du enkelt återvända till det tillståndet. Det speciella är att inga personliga filer som foton, dokument eller videor går förlorade. Du skyddar alltså systemet utan att äventyra dina data.

Idén bakom systemavbilder är inte ny, men i Linux Mint är den särskilt användarvänlig. Verktyget du använder för detta kallas »Timeshift.« Det fungerar pålitligt i bakgrunden och låter dig skapa automatiserade avbilder med regelbundna intervall, vare sig dagligen, veckovis eller månatligen, beroende på dina behov.

I en värld där många av oss dagligen är beroende av datorer och digitala system är det betryggande att veta att du har en nödlösning. Avbilder erbjuder denna typ av säkerhet. De gör Linux Mint inte bara mer stabilt och robust, utan ger dig också friheten att experimentera, prova nya program eller göra systemjusteringar utan rädsla för att ett felaktigt beslut kan förstöra hela systemet.

Vi kommer nu att titta på hur du ställer in Timeshift, vilka alternativ som finns och hur du säkerställer att ditt system förblir säkert och funktionellt. Oavsett om du är en erfaren användare eller nybörjare, är systemavbilder ett oumbärligt verktyg som kommer att spara dig många bekymmer. Förbered dig på att aktivera denna viktiga funktion och göra ditt Linux Mint-system ännu mer motståndskraftigt och säkert.

23.2.1 Ställa in Timeshift-avbilder

Antingen går du till välkomstskärmen → Första steg → Systemavbilder och klickar på den gröna Start-knappen, eller så går du till Start-knappen → Systemadministration → Timeshift, eller så klickar du på Start-knappen och skriver »time.« Alla tre alternativ leder dig till programmet »Timeshift«:

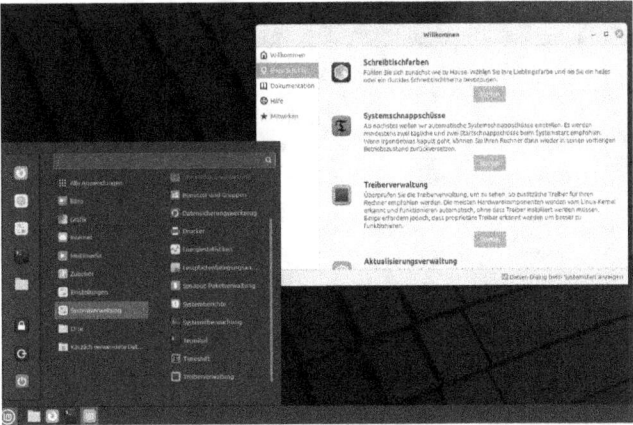

Starta Timeshift. Eftersom Timeshift gör djupa ändringar i systemet krävs alltid administratörsautentisering. Skriv in ditt lösenord:

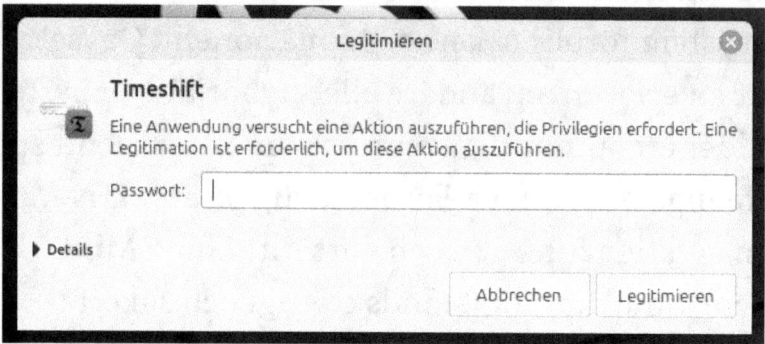

Efter att du har angett ditt lösenord öppnas Timeshift-installationsguiden. Klicka på den lilla pilen för att öppna hjälpdelen. Där beskrivs vad rsync-snapshots är. Läs igenom det och klicka sedan på Nästa:

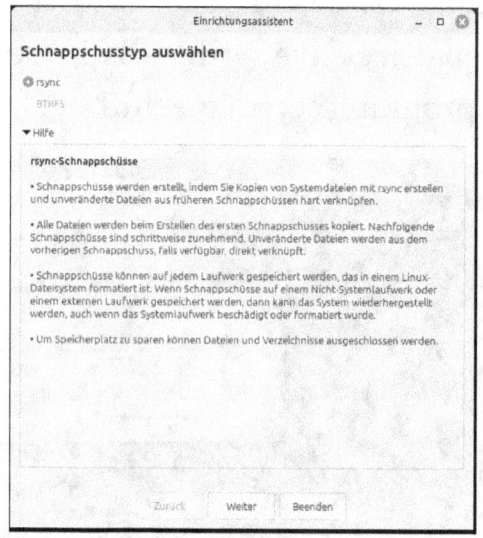

Systemet kommer nu att kontrollera den förväntade storleken på snapshoten:

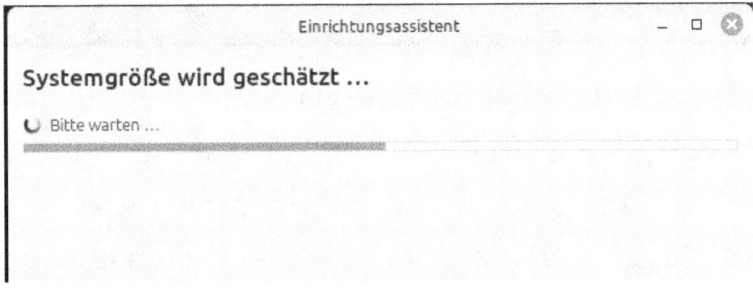

Därefter kommer dialogen att fråga efter lagringsplatsen. Det måste vara ett Linux-filsystem för att lagra snappskott. Dessa snappskott är exakta kopior av filsystemet och fångar tillståndet för ditt system vid en viss tidpunkt. För att Timeshift ska fungera korrekt och utnyttja alla sina funktioner måste snappskotten lagras på ett Linux-kompatibelt filsysteem. Detta beror på de specifika krav som finns för hantering av fil- och äganderättigheter.

Filsystem som NTFS eller FAT, som främst används av Windows, är inte fullt kompatibla med Linux när det kommer till lagring av komplex information som krävs på ett Linux-system. Även om dessa filsystem stöder grundläggande funktioner som att lagra filer och mappar, kan de inte lagra avancerade filbehörigheter och äganderättigheter som är väsentliga för Linux.

En central aspekt av Linux är rättighets- och ägandesystemet, som säkerställer att vissa filer endast kan ändras av specifika användare eller systemtjänster. Varje fil och mapp på ett Linux-system har tilldelade ägar- och grupprättigheter samt detaljerade behörigheter för läsning, skrivning och körning. Dessa rättigheter är avgörande inte bara för säkerheten utan också för den korrekta funktionen av många program och systemprocesser.

Därför lägger Timeshift stor vikt vid att exakt spara dessa rättigheter i snappskotten som de existerar på källsystemet. Genom att lagra snappskotten på ett filsysteem som ext4, som stöder samma rättigheter och ägarstrukturer, kan Timeshift återställa denna information exakt. Detta är avgörande för att säkerställa att systemet fungerar precis som tidigare efter en återställning.

Filsystem som NTFS och FAT stöder inte dessa Linux-specifika behörigheter. De lagrar bara rudimentär information om filer och kan inte hantera komplexa behörighetsstrukturer. Om du skulle försöka lagra Timeshift-snapshots på ett NTFS- eller FAT-filsystem kan dessa viktiga behörighetsdetaljer gå förlorade. Detta kan leda till att det återställda systemet inte fungerar som det ska eller till och med till säkerhetsproblem.

Därför måste Timeshift lagra sina snappskott på ett filsysteem som stöder samma funktioner som käll-filsystemet. I de flesta fall kommer detta att vara det samma filsysteem som Linux är installerat på – till exempel ext4.

SLUT MED WINDOWS!

I dialogrutan »Välj plats för ögonblicksbild« väljer du ett kompatibelt lagringsutrymme och klickar på Nästa (du kan inte välja något inkompatibelt lagringsutrymme):

I fönstret »Välj ögonblicksbildsnivåer« kan du skapa ett schema för tid och bevarande. Lämna först allt som det är. Du kan justera det när som helst. Standardinställningen är att skapa dagliga ögonblicksbilder och behålla 5 av dem. Detta innebär att ögonblicksbilder kommer att behållas för de senaste 5 dagarna. Detta är bra för en första säkerhetskopia.

I fönstret »Användarens personliga mappar« lämnar du inställningarna som de är. Välj »Uteslut alla filer.«

Ögonblicksbilderna är avsedda för systemet. Vi kommer att säkerhetskopiera personliga data och mappar senare med säkerhetskopieringsverktyget. Detta är viktigt eftersom personliga dokument inte ska ändras om du behöver återställa en ögonblicksbild på grund av ett systemfel. Klicka på Nästa:

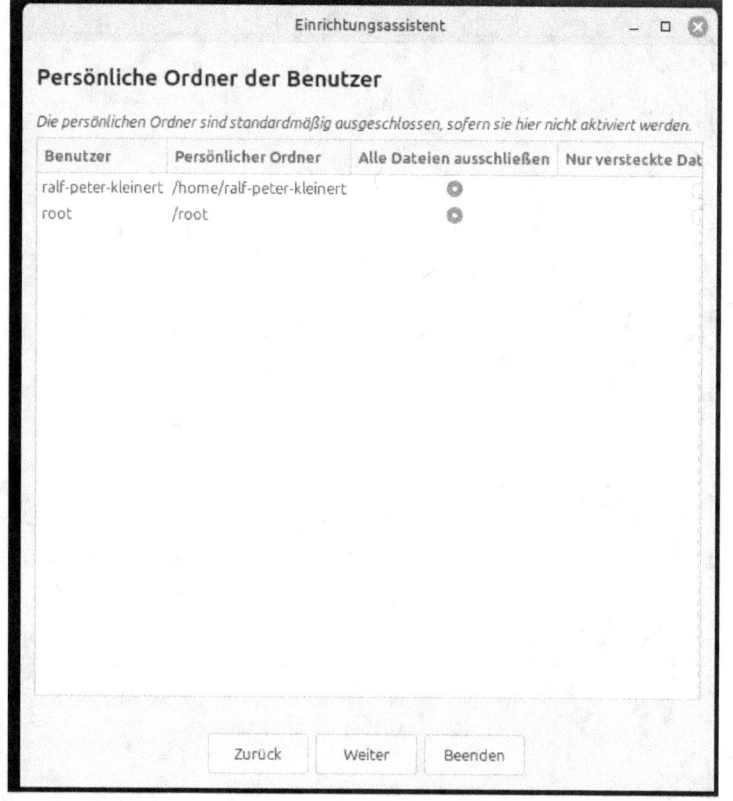

Nu ser du »Inställning Fullständig.« Läs igenom allt en
gång till och klicka sedan på Klar:

Nu ser du Timeshift-fönstret igen. Klicka på »Skapa« i
det övre vänstra hörnet:

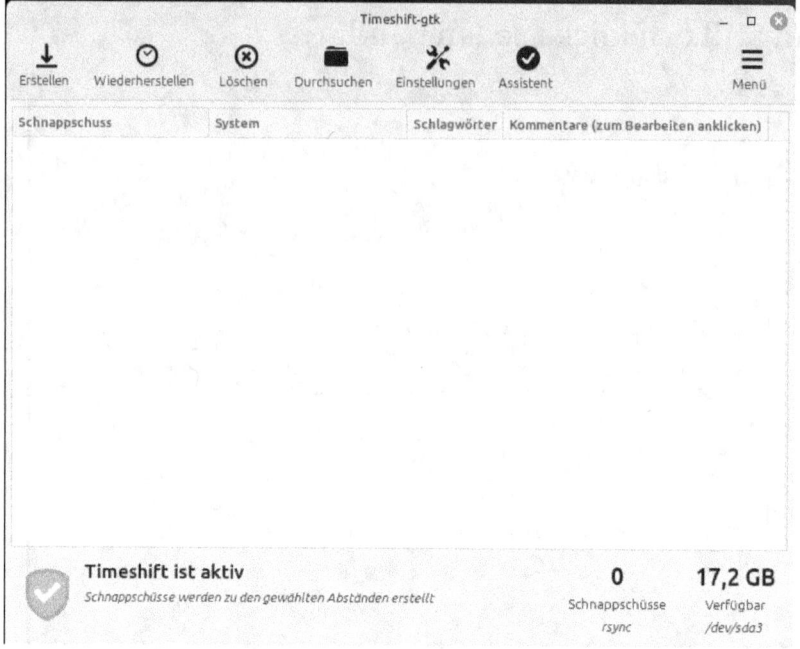

Timeshift skapar den första ögonblicksbilden och kopierar varje systemfil. Det tar ett tag tills alla filer är kopierade. Optimal skulle vara en egen hårddisk enbart för ögonblicksbilder. Om du har en extern hårddisk och dagligen säkerhetskopierar dina ögonblicksbilder där, kan nästan ingenting gå fel. Oavsett vad du gör, kan du alltid återgå. Behåll Linux Mint-installationsstickan; vi kan använda den omedelbart som en räddningssticka. Live-miljön inkluderar Timeshift, och vid ett fel kan du använda det för att återställa systemet eller flytta det till en annan hårddisk.

SLUT MED WINDOWS!

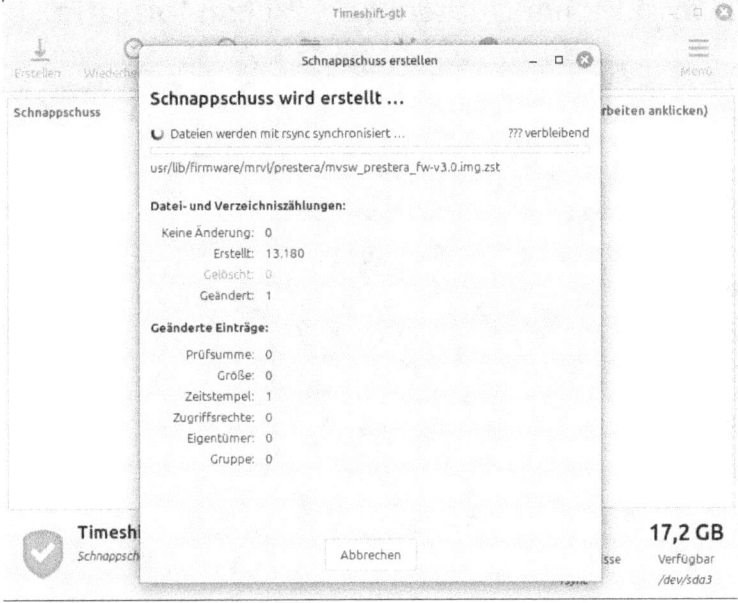

När Timeshift är färdigt kan du stänga verktyget. Systemet är säkerhetskopierat, och vi kan fortsätta.

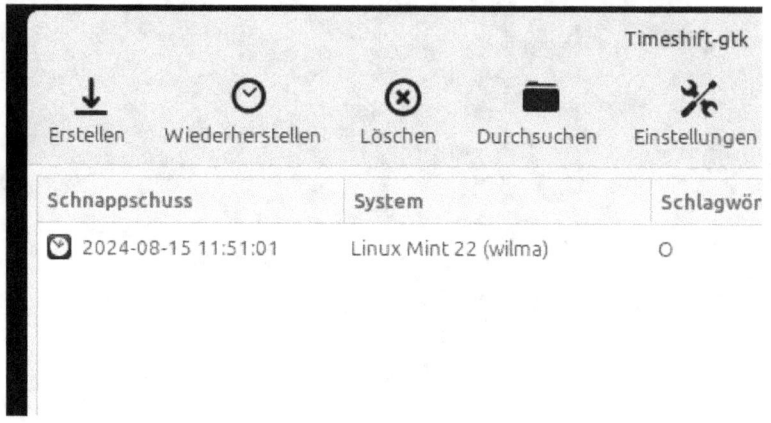

23.2.2 Sammanfattning av Snappbilder

Låt oss sammanfatta en gång till. Det är extremt viktigt att du håller koll på systemsnappbilder och senare också regelbundna säkerhetskopior från början. Det är snabbt och enkelt att ställa in dem – och, ärligt talat, om din dator kraschar, hårddisken går sönder eller ett oväntat fel uppstår... Tro mig, du kommer att vara mer än tacksam om du har skapat systemsnappbilder i förväg.

Linux är tveklöst mer robust och säkert än Windows, det råder det ingen tvekan om. Operativsystemet erbjuder en stabil grund som är till stor del immun mot många av de problem Windows-användare stöter på.

Men låt oss inte glömma: Linux är också programmerat av människor, inte gudar. Misstag händer, mjukvara kan krascha och uppdateringar kan ibland orsaka oväntade problem. Det är här systemsnappbilder kommer in – de är ditt säkerhetsnät.

Snappbilder är, enkelt uttryckt, exakta avbilder av ditt system vid en viss tidpunkt. De fångar det aktuella tillståndet av operativsystemet och sparar det som referens. Det betyder att om något går fel efter en uppdatering, en ny programinstallation eller en systemändring, kan du med ett enda klick återställa allt till det tidigare tillståndet – utan att påverka dina personliga filer.

Varför är systemsnappbilder så viktiga? För att de ger dig möjlighet att experimentera utan rädsla. Vill du testa ny mjukvara eller göra djupare ändringar på systemet? Inga problem! Om något inte fungerar som planerat, kan du alltid gå tillbaka till den senaste snappbilden som om inget hade hänt.

Och det bästa av allt: Snappbilder är snabba att ställa in och kan skapas automatiskt. Verktyg som Timeshift hanterar denna uppgift och gör det särskilt enkelt för dig att skapa regelbundna snappbilder. Oavsett om det är dagligen, veckovis eller vid varje större uppdatering

– du bestämmer när och hur ofta snappbilderna ska skapas. Detta ger dig friheten att fokusera på ditt verkliga arbete utan att ständigt oroa dig för potentiella systemproblem.

Snappbilderna sparas på ett Linux-kompatibelt filsystem, som ext4. Detta är viktigt eftersom endast dessa filsystem kan korrekt lagra de komplexa filbehörigheterna och äganderättigheterna som är avgörande för Linux smidiga drift. Därför bör du använda ett lämpligt lagringsmedium som uppfyller dessa krav.

Ärligt talat – gör snappbilder! De är ditt bästa skydd mot oväntade katastrofer och ger dig den säkerhet du behöver för att fullt ut njuta av Linux Mint. Det är en liten insats med enorma fördelar som kan rädda dig från timmar av felsökning och frustration.

23.2.2.1 Personliga anteckningar

Personliga anteckningar

23.3 Tredje Uppgift: Drivrutinsadministration

Nu, kära läsare, efter att vi har installerat Linux Mint och genomfört de första stegen, möts vi återigen av välkomstskärmen. Denna skärm erbjuder några avgörande funktioner som kommer att underlätta för dig att komma igång och säkerställa att ditt system fungerar smidigt. En av de särskilt viktiga punkterna som jag vill betona är »Drivrutinsadministrationen.«

Du kanske undrar varför detta är så viktigt. Föreställ dig att du har kraftfull hårdvara – till exempel ett Nvidia GeForce GTX 1050 Ti grafikkort. Detta kort är designat för att ge enastående grafikprestanda, vare sig det gäller spel, videoredigering eller bara allmän användning av skrivbordet. Men all denna prestanda är bara så bra som mjukvaran som styr den. Här kommer drivrutinerna in.

Drivrutiner är små mjukvaruprogram som möjliggör kommunikation mellan operativsystemet och hårdvaran. Utan rätt drivrutiner kan din hårdvara – vare sig det är grafikkortet, Wi-Fi-modulen eller andra komponenter – inte nå sin fulla potential. Det betyder att om du inte har rätt drivrutiner installerade, kan ditt GeForce GTX 1050 Ti kanske bara erkännas som ett grundläggande grafikkort, vilket leder till mycket sämre prestanda än vad kortet faktiskt erbjuder. De smidiga animationerna på Linux Mint kanske inte flyter på som de ska, och program som spel eller grafikprogram kan ha problem.

Och här blir Drivrutinsadministrationen i Linux Mint oumbärlig. Välkomstskärmen ger dig direkt tillgång till Drivrutinsadministrationen så att du från början kan säkerställa att din hårdvara fungerar optimalt. Drivrutinsadministrationen scannar automatiskt ditt system efter hårdvara som har proprietära drivrutiner – drivrutiner speciellt utvecklade för din hårdvara. Detta är särskilt viktigt för Nvidia-grafikkort, som vårt GeForce GTX 1050 Ti.

Nvidia erbjuder både öppna drivrutiner och proprietära drivrutiner. De öppna drivrutinerna som följer med Linux Mint är tillräckliga för många användare, men de utnyttjar inte grafikkortets fulla prestanda. De proprietära drivrutinerna från Nvidia är å sin sida optimerade för att leverera den bästa möjliga grafikprestandan. De erbjuder bättre stöd för 3D-grafik, spel och krävande applikationer. Och du kan enkelt installera dessa drivrutiner via Drivrutinsadministrationen.

Så hur går det till? Det är enkelt: Öppna Drivrutinsadministrationen och låt den skanna ditt system. Om du har ett Nvidia-kort som GeForce GTX 1050 Ti kommer du direkt att se den lämpliga proprietära drivrutinen från Nvidia. Ett enkelt klick på »Installera« räcker, och Linux Mint tar hand om resten. Efter en omstart kan du vara säker på att ditt grafikkort körs med maximal prestanda.

Varför är detta så viktigt? För att rätt drivrutinskonfiguration säkerställer att du får de bästa resultaten från ditt system. Din hårdvara kommer att fungera mer stabilt, och du kommer att uppleva färre problem med krascher eller prestandaflaskhalsar. Grafikkortet är ett bra exempel, men samma gäller även för andra komponenter som Wi-Fi-adaptrar, ljudkort eller skrivare. Drivrutinsadministrationen ser till att din hårdvara fungerar som den ska från början.

Klicka på den gröna knappen under »Drivrutinsadministration«:

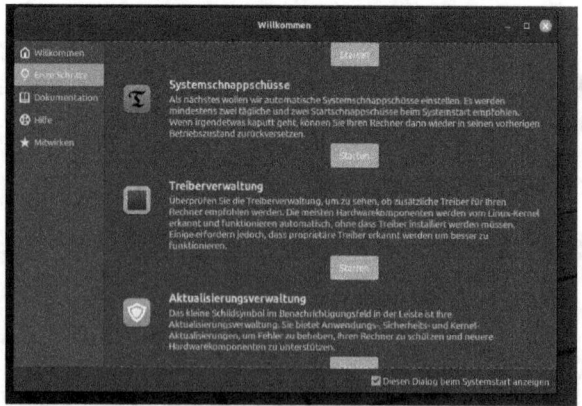

Drivrutinsadministrationen söker nu efter drivrutiner:

Om, som i mitt fall, inga drivrutiner behövs, kommer du att se följande meddelande:

23.4 Fjärde Uppgift

Efter drivrutinsadministrationen. Om ditt Linux Mint har hittat och installerat drivrutiner, vänligen skapa en ny Timeshift-snapshot. Gå till startmenyn, skriv »time« och klicka sedan på Timeshift. Logga in med ditt lösenord och klicka sedan på »Skapa« i Timeshift. Då kan du fortsätta.

23.5 Femte Uppgift: Programhantering

Så, nu är det dags att dyka in! Du vill väl se vad Linux Mint har att erbjuda i programväg, eller hur? Jag menar, du har väl inte bytt till Linux Mint för att få en tom skrivbordsyta. Nej, Linux Mint kommer med en solid uppsättning verktyg redan från början, och jag kan säga dig: Där finns några riktiga skatter!

Först och främst, kontorspaketet. Linux Mint levereras med LibreOffice direkt efter installationen – ett komplett kontorspaket som kan konkurrera med Microsoft Office på många sätt och är gratis. Oavsett om du behöver skriva texter, skapa kalkylblad eller förbereda presentationer – LibreOffice täcker alla dessa områden. Och det bästa: Det är också kompatibelt med Microsoft Office. Du kan enkelt fortsätta använda eller dela dina befintliga Word-, Excel- eller PowerPoint-filer med kollegor som fortfarande använder Microsoft Office. Det är en fullt utrustad ersättning, och jag vågar påstå att du inte kommer att sakna något.

Men det är långt ifrån allt. Vad skulle ett modernt operativsystem vara utan bildredigeringsprogram? Linux Mint har också en lösning här. Med program som GIMP (GNU Image Manipulation Program) har du ett kraftfullt verktyg till hands som kan mäta sig med de dyra alternativen på marknaden. Oavsett om du vill göra enkla fotokorrigeringar eller skapa komplexa grafik – GIMP är ett mångsidigt verktyg som erbjuder otaliga funktioner för alla behov. Och allt utan att du behöver oroa dig för dyra licenser. Tänk på hur mycket du måste betala för Photoshop! GIMP kan göra nästan allt som Photoshop kan. Det kräver lite omställning, men det är gratis. Det är ett litet pris att betala.

Dina multimediala behov är också tillgodosedda. Linux Mint kommer med allt du behöver för att spela dina favoritvideor eller musikspår. VLC Media Player är ett fantastiskt verktyg som spelar nästan alla format du ger det. Oavsett om det är en gammal AVI-fil du har haft på hårddisken i åratal eller det senaste HD-videon – VLC klarar av allt. Dessutom finns musikspelaren Rhythmbox, som hanterar och spelar din musiksamling som om det vore det mest naturliga i världen. Rhythmbox är förinstallerad, men jag kommer att visa dig ett alternativ senare som jag tycker är bättre. Också gratis.

Och för dem som vill ha mer än bara musik eller filmer har Linux Mint också program för videoredigering. Verktyg som Kdenlive gör det enkelt att klippa dina egna videor, lägga till effekter eller skapa klipp. Du behöver inte vara proffs för att uppnå fantastiska resultat. Linux Mint erbjuder dig en rad alternativ för att uttrycka din kreativitet. Dock finns det några speciella detaljer att tänka på vid videoredigering. Mer om det senare.

Naturligtvis finns det också program för vardaglig kommunikation. E-postklienten Thunderbird är förinstallerad och hjälper dig att hålla koll på dina e-postmeddelanden. Oavsett om du bara har ett personligt e-postkonto eller jonglerar med flera postlådor för arbete – Thunderbird hanterar allt enkelt. Det stöder alla vanliga e-postprotokoll och är också överskådligt och lätt att använda.

Och om du vill surfa på internet är Firefox din trogna följeslagare. Denna webbläsare är också förinstallerad och erbjuder en utmärkt kombination av hastighet, säkerhet och anpassningsbarhet. För vardaglig användning är det mer än tillräckligt, men du kan självklart också installera en annan webbläsare som Chrome eller Opera när som helst – valet är ditt.

Sammanfattningsvis: Linux Mint är inte ett tomt operativsystem som du måste fylla med program. Tvärtom! Det kommer redan från fabriken med en genomtänkt grundutrustning som är mer än tillräcklig för de flesta vardagsuppgifter. Du kan börja direkt utan att behöva ägna mycket tid åt installationer och konfigurationer. Och om du någonsin behöver speciell programvara är Programhanteraren, Linux Mint verktyg för programhantering, ditt nästa stopp. Där hittar du ett stort urval av extra program som du kan installera med bara några klick.

Oavsett om du vill arbeta, vara kreativ eller bara koppla av – Linux Mint erbjuder allt du behöver direkt efter installationen.

Öppna programhanteraren antingen via startmenyn eller välkomstdialogen:

Du ser här den underbart organiserade Programhanteringen i Linux Mint. Inga annonser, inga störande betalningsalternativ – är inte det här helt fantastiskt? Allt är fint sorterat och överskådligt, precis som man önskar. Det finns inga dolda kostnader, inga lockande erbjudanden som plötsligt begär betalning efter installationen. Här kan du helt och hållet fokusera på det som verkligen betyder något: programvaran.

Programhanteringen, även känd som Programhanteraren, är den centrala navet för alla dina programbehov. Härifrån har du tillgång till ett enormt urval av program som du enkelt och smidigt kan installera. Allt är indelat i tydliga kategorier så att du kan navigera enkelt och snabbt hitta det du söker. Det finns inga förvirrande menystrukturer eller förvirrande alternativ – applikationen är utformad så att även nybörjare kan hantera den direkt.

Kategorierna är vettigt anlagda och täcker verkligen alla områden som man behöver för vardagsanvändning av datorn. I kategorin »Internet« hittar du till exempel webbläsare som Firefox och Chrome, samt e-postprogram som Thunderbird eller meddelandeverktyg som Telegram. I kategorin »Kontorsprogram« finns program som LibreOffice, med vilket du kan skapa dina textdokument, kalkylblad eller presentationer. Allt du behöver för att vara produktiv är bara ett klick bort.

Om du är intresserad av multimedia kan du bläddra i kategorin »Film och ljud«. Här hittar du VLC Media Player för videor eller andra musikspelare för din musiksamling. Men även program för bildredigering, som GIMP, eller verktyg för videoredigering, som Kdenlive, är representerade här.

Kategorin »Grafik och bildredigering« erbjuder dig ett urval av rit- och grafikprogram som är lämpliga både för enkla uppgifter och professionella projekt. För utvecklare finns kategorin »Programmering«, där du kan hitta utvecklingsmiljöer, textredigerare och andra programmeringsverktyg.

I sektionen »Spel« kan du förvänta dig många titlar, från enkla casual-spel till mer komplexa spel som är optimerade för Linux. Om du vill förbättra din systemadministration hittar du användbara program i kategorin »Systemverktyg« för att optimalt anpassa och hantera ditt Linux Mint-system.

Sammanfattningsvis är Programhanteringen i Linux Mint en riktig pärla: ordnad, effektiv och utan störande annonser eller betalningsalternativ. Du kan bläddra i lugn och ro, välja de program som passar dig och börja direkt. Och det bästa: allt är gratis och installerat på ditt system med bara några klick. Ytterligare en anledning till varför Linux Mint är så behagligt att använda.

Du kommer att behöva en evighet för att bläddra igenom alla program i Programhanteringen i Linux Mint. Den enorma mängden tillgängliga program är överväldigande, och det finns lämplig programvara för nästan varje behov. Men oroa dig inte, denna mångfald är en välsignelse! Faktum är: Om du behöver skapa en produkt på din PC, vare sig det är ett dokument, en grafik, en video eller till och med programvara, behöver du inte längre gå online för att köpa ett dyrt program. Tiderna då du behövde köra till Media Markt för att hålla en programbox i dina händer är över.

Allt du behöver kan du hitta direkt i Programhanteringen i Linux Mint. Du behöver inte kämpa med förvirrande köpoptioner eller undra om programvaran plötsligt blir betalad efter ett år. Här är alla program gratis och tillgängliga. Du kan i lugn och ro titta runt och välja exakt det program som passar dina behov – helt utan press, utan annonser och utan dolda kostnader.

Vill du till exempel redigera ett professionellt foto? GIMP är redo och erbjuder dig alla verktyg du skulle förvänta dig från ett bildredigeringsprogram – och det är gratis. Eller behöver du skapa en avancerad presentation för arbetet? LibreOffice Impress ger dig allt du behöver för att designa en engagerande och övertygande presentation utan att spendera en enda öre. Kanske vill du till och med ge dig in på musikproduktion? Program som Audacity finns tillgängliga för att hjälpa dig att förverkliga dina kreativa idéer.

Även inom spelområdet behöver du inte oroa dig. Många fantastiska spel finns också i Programhanteringen, och allt utan behov av att dra fram ett kreditkort. Spelen är lättillgängliga och du kan starta dem direkt från din skrivbord.

Det bästa är att alla dessa program kan installeras med bara några klick. Inga omständliga nedladdningar av exe-filer, inga licenskoder, inga komplicerade installationsrutiner. Du väljer helt enkelt det program som intresserar dig, klickar på »Installera«, och Linux Mint tar hand om resten. Därefter är applikationen redo och du kan börja direkt.

Så i Programhanteringen i Linux Mint hittar du allt ditt hjärta begär. Oavsett om du vill arbeta, vara kreativ eller bara ha roligt – rätt programvara är bara ett klick bort. Och allt detta, utan besväret med att köpa extra programvara eller hantera licenser. Linux Mint ger dig friheten att helt fokusera på det som verkligen betyder något: ditt projekt, din kreativitet och din produktivitet.

23.5.1 WINE Wine Is Not an Emulator

Okej, det kan naturligtvis hända att du trots alla fantastiska Linux-program plötsligt tänker: »Åh, det där Windows-verktyget har jag alltid gillat! Kan jag inte få det att fungera även på Linux Mint?« Och det är här WINE kommer in i bilden. Namnet står för »Wine Is

Not an Emulator« – det låter förvirrande, eller hur? Men oroa dig inte, jag ska förklara det enkelt för dig.

WINE är som en bro mellan Windows- och Linux-världen. Det låter dig installera och köra många Windows-program på Linux utan att du behöver ha Windows installerat på din dator. Det betyder att om du helt enkelt inte kan skilja dig från ett visst Windows-program, ger WINE dig möjligheten att använda det även på Linux. Det kan vara särskilt praktiskt om du har ett specifikt verktyg eller ett program som inte har någon direkt motsvarighet på Linux.

Men, och det ska jag vara ärlig med, WINE är inte perfekt. Det är inget magiskt verktyg som automatiskt får varje Windows-program att fungera. Vissa program fungerar utmärkt med det, medan andra inte fungerar alls. Det beror på vilken mjukvara det är. Speciellt med mer komplexa program, som vissa spel eller specialiserade applikationer, kan du stöta på problem. Men, och det här är det fina med WINE, det är värt att prova. Du kan bli förvånad över hur många program som fungerar utan problem.

Om du verkligen behöver ett Windows-verktyg och inte kan hitta något alternativ för Linux, är WINE ditt första stopp. Du installerar det enkelt via programhanteraren och provar det. Kanske fungerar ditt program direkt, kanske behöver det lite finjustering. Men en sak är säker: det är värt ett försök. Det handlar trots allt om att göra övergången från Windows till Linux så smidig som möjligt för dig – och om WINE hjälper dig att fortsätta använda ditt favoritprogram, då har du redan kommit en bra bit på vägen.

Tänk bara på att WINE inte kan göra allt, men när det fungerar kan det göra livet under Linux betydligt lättare för dig. Så, var inte rädd! Testa och se om ditt Windows-verktyg kan göra sig lika bra på Linux.

23.5.2 Windows på Linux VirtualBox VMWare

Okej, okej, jag erkänner: Ibland finns det fall där du helt enkelt inte kan komma undan Windows hur du än vänder och vrider på det. Kanske finns det den där ena programvaran som är absolut oersättlig, eller ett spel som inte vill fungera under WINE. Eller så arbetar du i ett yrke där vissa Windows-program är nödvändiga och det helt enkelt inte finns några vettiga alternativ. Oroa dig inte – Linux Mint har en lösning för sådana situationer som inte lämnar dig i sticket: virtualisering.

Linux Mint erbjuder dig möjligheten att använda virtualiseringslösningar som VirtualBox och VMWare gratis. Men vad betyder det exakt? Jo, virtualisering är en teknik där du i praktiken skapar en andra dator inom din egentliga dator. Tänk dig att du kör en Windows-PC i ett fönster på din Linux-skrivbord. Allt du är van vid från Windows körs sedan i denna virtuella maskin – helt isolerat från ditt faktiska Linux-system. Det är nästan som att ha två datorer i en.

De mest kända virtualiseringslösningarna som Linux Mint erbjuder är VirtualBox och VMWare. Båda programmen är användarvänliga och relativt enkla att installera och konfigurera. Om du väljer VirtualBox kan du installera det direkt via Linux Mint Programhantering. För VMWare behöver du ladda ner programvaran från den officiella webbplatsen, men det är heller inget komplicerat.

När programvaran väl är installerad kan du sätta upp en så kallad virtuell maskin. För detta behöver du en Windows-installationsfil, såsom en ISO-fil. Med denna fil »installerar« du Windows inom din virtuella maskin, precis som om du installerade det på en riktig dator. Installationsprocessen är densamma som på en vanlig Windows-dator, förutom att allt sker i detta fönster, den virtuella miljön.

Och här är det smarta: Du kan använda Windows och alla dina välkända program inom denna virtuella maskin utan att någonsin behöva lämna Linux. Om du har ett kraftfullt program som inte fungerar under WINE, eller specifik Windows-programvara som du behöver för jobbet – inga problem. Du öppnar helt enkelt din virtuella maskin, startar Windows i den, och så är du igång.

Naturligtvis finns det några saker att tänka på. Din dator bör ha tillräcklig prestanda, eftersom Windows körs parallellt med ditt Linux-system. Du behöver tillräckligt med RAM och processorkraft för att kunna köra båda operativsystemen samtidigt. Om du bara gör lite kontorsarbete under Windows bör det vanligtvis inte vara något problem. Men om du vill köra grafikintensiva applikationer eller spel bör du se till att din dator är utrustad för det.

En annan fördel med denna virtualisering är säkerheten. Eftersom Windows körs inom en virtuell maskin är det helt isolerat från ditt faktiska Linux-system. Så om något går fel i Windows – vare sig det är ett virus eller ett programfel – förblir ditt Linux-system opåverkat. Detta ger dig ett extra säkerhetslager och gör arbetet med Windows i en virtuell maskin ännu mer attraktivt.

Det finns också möjlighet att ta snapshots av din virtuella maskin, liknande de systemsnapshots du kan skapa med Timeshift på Linux. Det betyder att du kan spara och återställa ett specifikt tillstånd av din virtuella Windows-miljö vid behov. Så om något går fel eller du vill prova något kan du alltid återgå till ett tidigare, fungerande tillstånd.

Sammanfattningsvis: Även om du är beroende av vissa Windows-program behöver du inte ge upp fördelarna med Linux Mint. Med VirtualBox eller VMWare kan du köra en komplett Windows-miljö inom Linux, utan att de två systemen stör varandra. På så sätt behåller du full kontroll över ditt Linux-system samtidigt som du har tillgång till Windows-programvara – allt utan att behöva starta om, använda dual-boot eller ta komplicerade omvägar. Det är en elegant, flexibel och kraftfull lösning för alla som behöver det bästa av två världar.

23.6 Sammanfattning Välkomstskärm

Du har säkert märkt att jag har gått igenom en något annan ordning på välkomstskärmen med dig. Det finns enkla skäl till detta. Först ville jag säkerställa att ditt system är uppdaterat. Vad hjälper det att arbeta med ett nyinstallerat operativsystem som inte har blivit uppdaterat eller patchat? Du vet själv: säkerhet går först! Det skulle vara katastrofalt om vi dyker ner i Linux Mint och glömmer att uppdatera vårt system. Därför var mitt första steg att tillämpa uppdateringar. Endast då är din Linux Mint uppdaterad, skyddad och redo för de nästa stegen.

Nästa steg ville jag att Timeshift – vår trogna följeslagare för systembackup – skulle göra sitt jobb. Om du minns så tog vi en första snapshot för att säkerställa att allt arbete vi hade gjort fram till det ögonblicket inte skulle gå förlorat. För en sak är klar: oavsett hur mycket vi anstränger oss kan något alltid gå fel. Och i sådana fall vill jag att du ska känna dig trygg eftersom du vet att Timeshift skyddar dig. Oavsett om det är ett misslyckat uppdatering eller ett programvaruproblem – Timeshift håller alltid dig säker. Därför: skapa en snapshot innan vi dyker djupare in i ämnet.

Sedan tog vi itu med Drivrutinsadministrationen. Varför? Tja, drivrutiner är avgörande för den optimala användningen av din hårdvara. Om ditt grafikkort, nätverksadapter eller andra komponenter inte fungerar som de ska, kommer hela upplevelsen med Linux Mint att bli fördärvad. Så det var viktigt för mig att vi säkerställer att allt är korrekt inställt. Och ja, här också gjorde vi en snapshot med Timeshift. För som jag alltid säger: bättre förekomma än förekommas.

Efter att vi hade fått allt det här gjort, ville jag ge dig lite roligt. Nu när ditt system är uppdaterat och säkert tänkte jag att det var dags för dig att få se något. Du borde bara kika in i Användarhanteraren och kanske – förhoppningsvis – bli lite entusiastisk. Och ärligt talat: Det är roligt att föreställa sig att du kan få alla de program du vill ha utan att ständigt tänka på din plånbok. Inga irriterande prislappar, inga "endast tillgänglig som testversion" – bara allt inom räckhåll, utan att lönen får sista ordet.

Så ja, jag gick medvetet igenom denna ordning eftersom det är viktigt för mig att du från början står på trygg mark. Nu när allt är inställt kan du börja utforska den stora världen av Linux Mint – utan att behöva oroa dig. Jag hoppas att du har lika mycket glädje av det som jag!

23.7 Sjätte uppgift: Skrivbordsfärger

Så, vi har kommit ganska långt. Systemet är installerat, uppdateringarna är på plats, drivrutinerna fungerar, och – det viktigaste av allt – vi har flera Timeshift-säkerhetskopior på plats. Ärligt talat tycker jag att vi kan ge oss själva ett litet klapp på axeln. Vi har redan uppnått mycket tillsammans, och du har säkert lärt känna Linux Mint väl under de senaste stegen. Och det bästa är: allt förblir så snyggt, så klart, utan allt det bling-bling och ståhej som man ofta ser med andra operativsystem. Linux Mint erbjuder helt enkelt en polerad, behaglig upplevelse utan att bli överväldigad av tusen onödiga distraktioner.

Nu när vi står på fast mark kan vi ägna oss åt mer kreativa saker. Det är dags att ge din Linux Mint lite personlig stil! Och det gör vi genom att ta hand om skrivbordsfärgerna. Varför inte? Skrivbordet är den plats du ser mest, så varför inte se till att det ser ut precis som du vill?

Om du har följt med mig så här långt – och det hoppas jag verkligen – står vi nu på samma plats: Systemet är stabilt, de viktigaste sakerna är klara, och vi kan fokusera på anpassning. Vi börjar med skrivbordsfärgerna, alltså att anpassa din Mint-skrivbord efter din personliga smak. Det är det som är det fina med Linux Mint: Du kan inte bara anpassa gränssnittet efter dina önskemål, utan också enkelt justera färgpaletten på ditt skrivbord.

Föredrar du en minimalistisk stil med subtila, neutrala färger? Inga problem. Eller kanske något mer livfullt, med starka färger som får ditt skrivbord att lysa? Det är också okej. Linux Mint ger dig friheten att designa ditt skrivbord precis som du vill ha det – och utan mycket krångel. Allt är snyggt organiserat och klart strukturerat, så du behöver inte kämpa dig igenom oändliga menyer och inställningar. Anpassningsalternativen är direkt tillgängliga och lätta att genomföra.

Och ärligt talat, vem vill ha ett tråkigt skrivbord som ser ut som alla andras? Anpassning av skrivbordsfärgerna ger dig möjlighet att ge ditt system en personlig touch. Det är som en fräsch målning för ditt digitala hem. Så låt oss komma igång och göra ditt Mint-skrivbord till något unikt!

Klicka på den gröna knappen under det första avsnittet »Skrivbordsfärger« på välkomstskärmen, eller gå till startmenyn och skriv »theme«. Fönstret Teman öppnas:

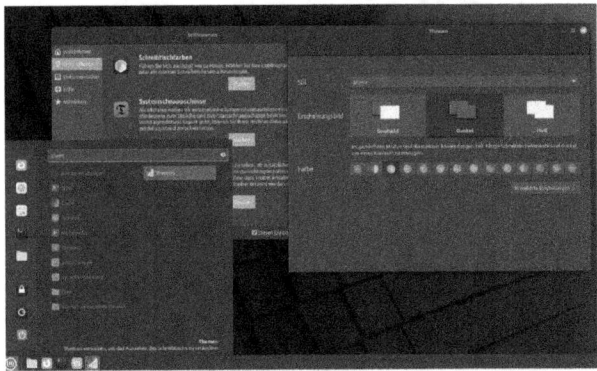

Här kan du enkelt välja mellan ljus och mörk eller anpassa färgerna. Känn dig fri att leka med det. Du kommer säkert att hitta något du gillar.

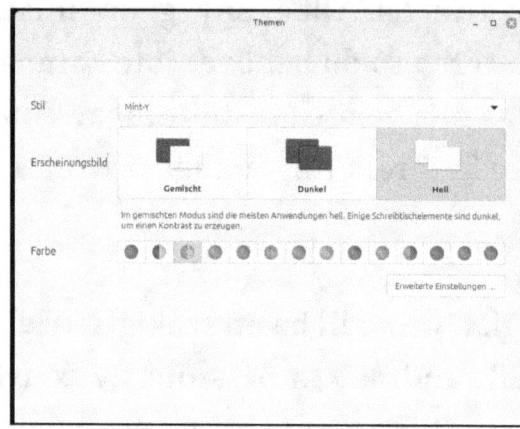

I dialogrutan för teman har du full kontroll över utseendet på din Linux Mint-skrivbord, och det bästa är: det är barnsligt enkelt. När du klickar på knappen »Avancerade inställningar...« öppnas en hel värld av anpassningsmöjligheter. Det är som att gå in i ett digitalt skyltfönster där du kan bläddra och välja vad du gillar. Och tro mig, urvalet är enormt!

Här kan du ladda ner och använda otaliga temamallar. Oavsett om du föredrar ett elegant, minimalistiskt utseende som håller allt rent och prydligt, eller en mer livfull, färgglad stil som ger ditt skrivbord liv – allt är möjligt. Och det bästa är: du är inte begränsad till de standardmässigt förinstallerade designen. Tack vare de avancerade inställningarna har du hundratals teman tillgängliga för nedladdning och provning. Vill du att din Linux Mint ska se ut som ett futuristiskt högteknologiskt system? Inga problem. Eller kanske en klassisk, nostalgisk look? Det kan också uppnås med bara några klick.

Temamallarna erbjuder allt: från att förändra fönsteröverskrifter och justera systemfärger till att välja olika ikonstilar. Du kan individuellt anpassa ikonerna på ditt skrivbord, ändra färgerna på menyer och knappar och till och med helt anpassa designen på din panel eller dialogrutor.

Om du hittar en design som inte passar dig, ingen stress. Du kan enkelt ändra den eller återgå till en annan. Och allt detta sker omedelbart och utan omstart. Flexibiliteten som erbjuds här är verkligen imponerande. Du kan skapa din egen unika skrivbordsupplevelse – precis som du vill ha den.

Så om du vill göra ditt skrivbord verkligen personligt, klicka bara på »Avancerade inställningar...« och utforska de många alternativ som Linux Mint erbjuder. Du kommer att bli förvånad över hur enkelt och kraftfullt dessa anpassningsalternativ är. Möjligheterna är oändliga – prova och gör ditt Mint-skrivbord till ett verkligt original!

Högerklicka på skrivbordet och välj alternativet »Ändra skrivbordsbakgrund«. Du kommer att bli förvånad över hur många vackra bilder som finns tillgängliga. Linux Mint erbjuder ett imponerande urval av bakgrundsbilder som du kan bläddra igenom för att hitta den perfekta bilden för ditt skrivbord. Från lugnande naturmotiv till dynamiska grafiker – det finns något för varje smak.

Om du vill ta det ett steg längre och anpassa ditt skrivbord efter dina önskemål, högerklicka på skrivbordet igen och välj »Anpassa«. Detta tar dig till ett nytt fönster som visar den aktuella skärmordningen. Här har du möjlighet att ytterligare anpassa din skrivbordsmiljö.

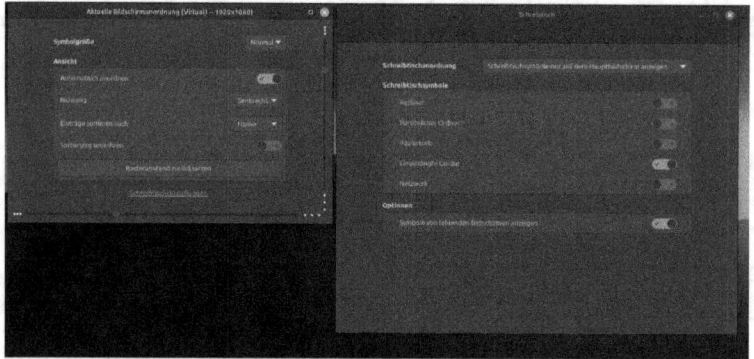

I det här anpassningsfönstret hittar du en knapp längst ner märkt »Skrivbordsinställningar«. Ett klick på den öppnar ett annat fönster där du kan lägga till eller ta bort olika element på ditt skrivbord. Här kan du bestämma om du vill visa »Dator«, »Personlig mapp«, »Papperskorg«, »Monterade enheter« och »Nätverk« på ditt skrivbord.

Jag håller personligen alltid dessa alternativ aktiverade. Det gör det enklare att nå viktiga funktioner och platser som min personliga mapp eller papperskorgen direkt från skrivbordet. Du kan därför anpassa vilka ikoner och mappar som är mest synliga och tillgängliga för dig.

Dessa anpassningsalternativ gör det möjligt för dig att utforma ditt skrivbord så att det både är estetiskt tilltalande och funktionellt. Med bara några klick har du friheten att anpassa din skrivbordsmiljö efter dina behov och preferenser.

Testa det och gör ditt skrivbord till en plats som både är vacker och praktisk! Jag har ställt in mitt skrivbord så här och jag tycker det är fantastiskt.

23.8 Personliga anteckningar

Personliga anteckningar

24. Säkerhetskopieringsverktyg

Innan jag kan släppa dig lös på ditt helt nya Linux Mint – som att kasta korn till 20 hönor – behöver vi sätta upp säkerhetskopiering. Det är precis lika enkelt som allt annat har varit hittills.

Gå helt enkelt till startmenyn och skriv »Data«. Detta leder dig direkt till de tillgängliga alternativen för säkerhetskopiering. Välj sedan säkerhetskopieringsverktyget. Det ger dig möjlighet att skydda dina värdefulla data och säkerställa att allt kan återställas snabbt vid oväntade problem.

Att ställa in säkerhetskopiering är en snabb och enkel process. Du kan bestämma om du vill schemalägga regelbundna säkerhetskopior, vilka mappar eller filer som ska säkerhetskopieras och var säkerhetskopiorna ska lagras. Linux Mint gör det enkelt att sätta upp ett säkerhetskopieringssystem som regelbundet säkrar dina data utan att du ständigt behöver tänka på det.

Gå till startmenyn och skriv »Data«. Välj sedan säkerhetskopieringsverktyget:

SLUT MED WINDOWS!

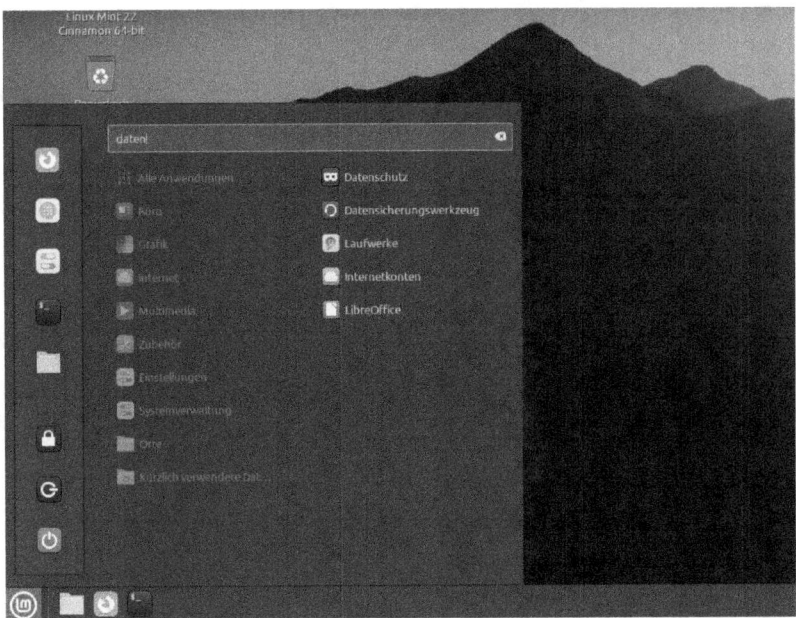

En dialogruta öppnas; klicka på »Säkerhetskopiera nu« under Personliga data.:

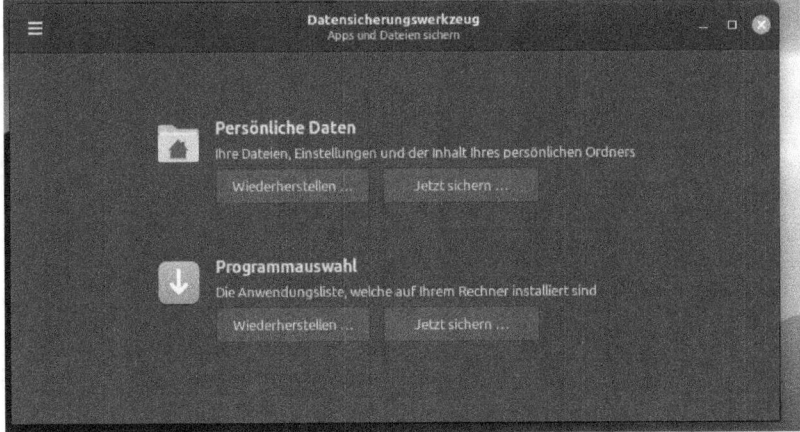

Nu kan du låta säkerhetskopian skapas direkt i mappen Säkerhetskopior eller välja en annan mapp. För illustrationens skull låter jag det vara så här:

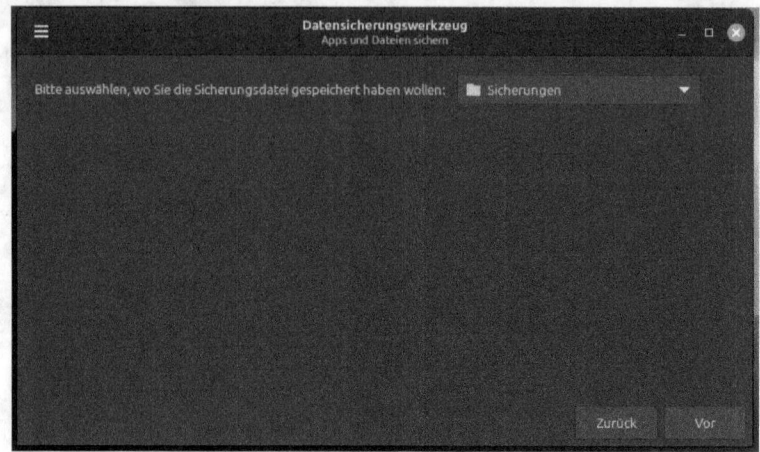

Uteslutna från säkerhetskopian är säkerhetskopiorna själva:

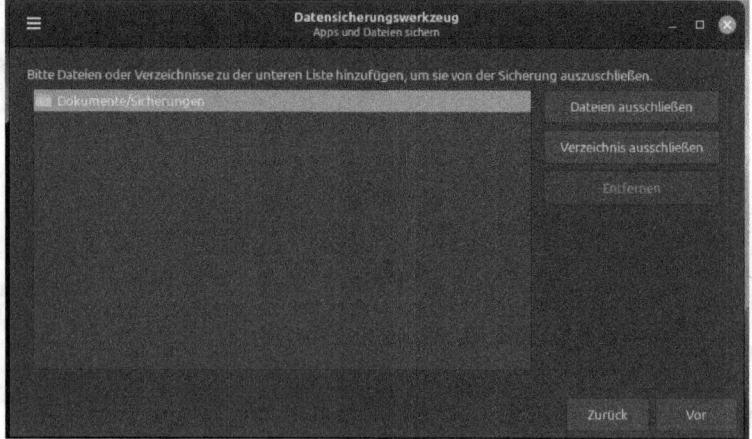

I det nästa fönstret väljer du de mappar som ska säkerhetskopieras. Vanligtvis är detta »Personlig mapp,« som innehåller dina dokument, bilder eller videor. Klicka på »Inkludera kataloger.« Det är bäst att börja med att välja alla mappar genom att markera dem:

Klicka sedan på »Inkludera filer.« Välj alla filer och klicka på »Öppna« längst ner:

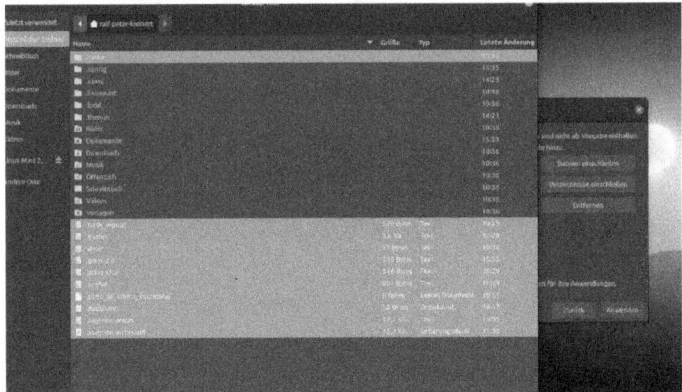

Klicka på »Använd« och den första säkerhetskopian kommer att skapas. Det går mycket snabbt eftersom systemet fortfarande är nytt:

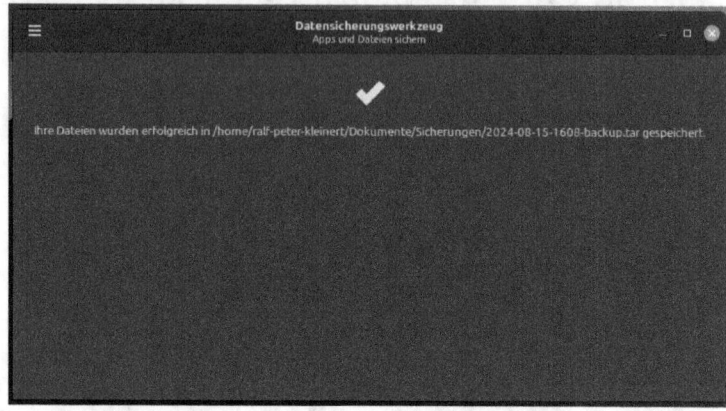

Det här är ett mycket, mycket enkelt säkerhetskopieringsverktyg. Jag rekommenderar ett annat verktyg som kan utföra automatiska säkerhetskopior enligt ett schema, med kryptering och lösenordsskydd, och även säkerhetskopiera till molnet via internet. Naturligtvis är det gratis. Men det här verktyget är inte dåligt för att komma igång. Det säkerhetskopierar ju datan.

24.1 Personliga anteckningar

Personliga anteckningar

25. Bättre säkerhetskopieringssystem DejaDup

Gå först till Applikationshanteraren, som du når via Startmenyn. Klicka helt enkelt på "Startmeny" och välj sedan "Applikationshanterare." Detta öppnar det centrala programmet för att hantera din programvara. I det övre sökfältet i Applikationshanteraren skriver du "DejaDup." Detta kraftfulla säkerhetskopieringsverktyg kommer att visas för dig omedelbart.

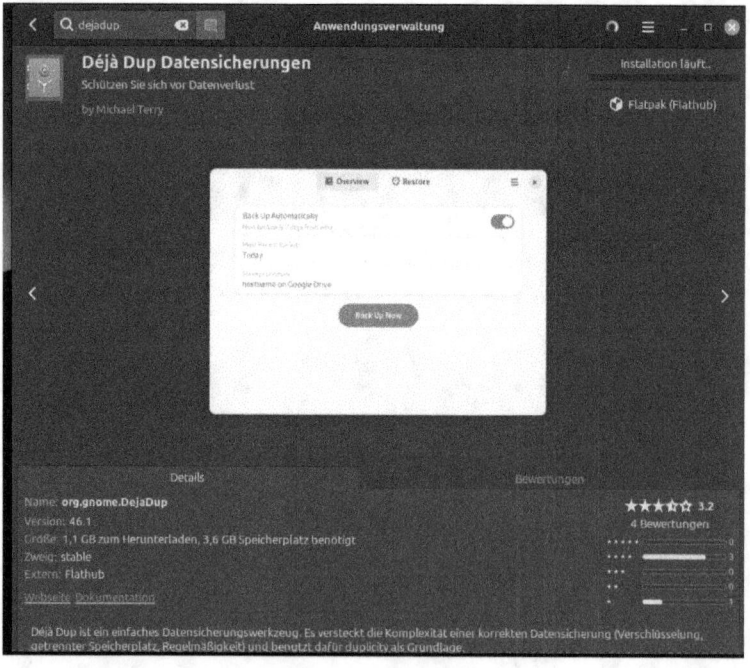

Klicka på "DejaDup" för att gå till installationssidan. Här ser du knappen "Installera". Ett klick på den kommer att installera programmet på ditt system. Installation är vanligtvis snabb och okomplicerad, så du är snart redo att använda det. När installationsprocessen är klar, tryck helt enkelt på "Starta" för att öppna Deja-Dup.

DejaDup är ett intuitivt och användarvänligt säkerhetskopieringsverktyg som erbjuder en rad funktioner. Det gör att du kan skapa regelbundna säkerhetskopior av dina filer och mappar utan att behöva ständigt hantera dem. Gränssnittet är välorganiserat och ger enkel tillgång till alla nödvändiga funktioner.

När du startar DejaDup för första gången kommer du att guidas genom en enkel installationsguide. Du kan välja vilka filer och mappar som ska säkerhetskopieras och ange platsen för dina säkerhetskopior. DejaDup stöder olika lagringsmål såsom lokala enheter, nätverksdelningar eller till och med molntjänster som Google Drive.

En stor fördel med DejaDup är dess flexibilitet när det gäller schemaläggning. Du kan ställa in säkerhetskopieringscyklerna enligt dina behov – vare sig det är dagligen, veckovis eller månatligen. Dessutom erbjuder programmet möjlighet att skapa inkrementella säkerhetskopior, som endast sparar ändringar sedan den senaste säkerhetskopieringen. Detta sparar utrymme och påskyndar säkerhetskopieringsprocessen.

Ett annat höjdpunkt med DejaDup är dess enkla återställningsfunktion. Om något går fel eller data går förlorade kan du snabbt och enkelt återställa dina säkerhetskopierade data. Detta ger en extra säkerhetsnivå, eftersom du vet att dina viktiga data alltid är tillgängliga vid problem.

Med DejaDup har du ett kraftfullt verktyg som hjälper dig att pålitligt säkerhetskopiera dina data och snabbt återställa dem vid nödsituationer. Det är enkelt att använda och erbjuder många alternativ för att anpassa din säkerhetskopieringsstrategi. Om du letar efter ett bättre säkerhetskopieringssystem för att hantera dina data, är DejaDup definitivt ett utmärkt val.

Prova det och upplev hur enkelt det kan vara att hålla dina data säkra och skyddade!

26. Program som kan behövas

Jag vill här presentera några program som jag tycker erbjuder ett bättre alternativ till de förinstallerade applikationerna. Naturligtvis hanterar de förinstallerade programmen grundläggande funktioner tillräckligt bra, men ibland kan det vara fördelaktigt att byta till mer specialiserad eller kraftfull programvara för att få ännu mer ut av ditt system.

Låt oss alltså ta en titt på dessa små men värdefulla rekommendationer som kan hjälpa dig att öka din produktivitet eller förbättra din användarupplevelse. Dessa program är inte bara funktionella utan erbjuder ofta även ytterligare funktioner som de förinstallerade applikationerna inte alltid har.

Oavsett om det handlar om bättre verktyg för bildredigering, avancerad textbehandling eller speciella applikationer som gör din vardag lättare, är jag övertygad om att du kommer att hitta några verkliga skatter i den här listan. De är inte bara enkla att installera utan passar också perfekt in i Linux Mint-miljön.

Naturligtvis är det viktigt att betona att de förinstallerade programmen vanligtvis är solida och pålitliga. De är väl integrerade och ger snabb tillgång till viktiga funktioner. Men när du väl upptäcker den extra prestandan och de avancerade funktionerna hos de rekommenderade programmen, kan du märka att de erbjuder fördelar som standardapplikationerna inte alltid kan ge.

Här är alltså mina rekommendationer som kan hjälpa dig att använda ditt Linux Mint-system ännu mer effektivt och personligt. Installationen av dessa program är enkel och de smälter sömlöst in i din befintliga miljö. Jag hoppas att denna urval ger dig lika mycket glädje som det gör för mig och hjälper dig att få ännu mer ut av ditt system.

26.1 Databackup DejaDup

Linux Mint levereras med ett grundläggande backup-verktyg som är ganska användbart för initiala säkerhetskopior av dina data. Det erbjuder enkla alternativ för att säkerhetskopiera och ibland återställa dina filer. Men när det gäller mer omfattande funktioner och en kraftfullare backup-lösning rekommenderar jag starkt att du överväger DejaDup.

DejaDup överträffar det standardmässigt medföljande backup-verktyget i flera viktiga aspekter. En av DejaDups största fördelar är möjligheten att ställa in automatiska schemalagda säkerhetskopior. Det betyder att du kan exakt ange dina backup-intervall—oavsett om det är dagligen, veckovis eller månatligen. Denna automatisering säkerställer att dina data säkerhetskopieras regelbundet utan att du behöver ingripa manuellt.

Dessutom erbjuder DejaDup omfattande krypteringsalternativ för att skydda dina data under backup-processen. Detta är särskilt viktigt om du säkerhetskopierar känslig information och vill säkerställa att endast du eller auktoriserade personer har tillgång till dessa data.

En annan framstående funktion hos DejaDup är dess stöd för olika backup-mål. Förutom lokala lagringsalternativ kan du också spara dina säkerhetskopior på en FTP-server eller i molnet. Det betyder att du kan lagra dina data flexibelt och säkert på olika platser—oavsett om det är på en extern enhet, en nätverksmapp eller en molntjänst som Google Drive.

Så, DejaDup erbjuder en mängd funktioner som går bortom de grundläggande möjligheterna hos det medföljande backup-verktyget. DejaDups användargränssnitt är intuitivt och gör att du kan konfigurera och hantera dina säkerhetskopior med bara några klick. Detta ger dig ett kraftfullt verktyg som uppfyller dina backup-behov och erbjuder extra säkerhet och flexibilitet.

Sammanfattningsvis är DejaDup ett utmärkt val för dem som vill ha mer kontroll och avancerade funktioner för databackup. Det är värt att installera och använda detta verktyg för att pålitligt skydda och regelbundet säkerhetskopiera dina viktiga data. Deja-Dup kan enkelt installeras via programhanteraren.

26.2 Personliga anteckningar

Personliga anteckningar

26.3 Musikspelare Clementine

Linux Mint levereras med musikspelaren Rhythmbox som standard, vilken pålitligt spelar din musik och även erbjuder möjligheten att streama musik. Rhythmbox är ett solidt val för många användare då det erbjuder en bra grunduppsättning av funktioner och är sömlöst integrerat i Linux Mint-miljön. Men jag har länge sökt efter en musikspelare som inte bara kan spela musik utan också uppfyller mina specifika krav.

En stor nackdel med Rhythmbox är avsaknaden av mapphantering. För mig, och jag misstänker också för många andra användare med en stor musiksamling, är det väsentligt att musikspelaren kan organisera och visa musik efter mappar. Med en omfattande samling som består av tusentals musikmappar blir hantering och åtkomst till enskilda mappar en utmaning om spelaren inte stödjer denna funktion.

Här kommer Clementine in i bilden. Clementine är en musikspelare som täcker detta behov. Den erbjuder omfattande mapphantering, vilket gör att du kan bläddra och organisera din musikbibliotek efter mappar. Denna funktion är särskilt viktig för mig då jag sorterar min musik efter olika genrer, artister och album och vill ha direkt åtkomst till dessa mappar.

Förutom den förbättrade mapphanteringen innehåller Clementine också automatisk volymjustering, som ser till att din musikvolym balanseras automatiskt. Detta är särskilt användbart när du spelar olika låtar eller album med varierande volymer, eftersom det ger en konsekvent lyssnarupplevelse och eliminerar behovet av att ständigt justera volymen.

Clementine erbjuder således inte bara möjligheten att effektivt hantera din musik utan också en rad ytterligare funktioner som gör musiklyssning ännu mer njutbar. Den är intuitiv att använda och uppfyller alla krav jag har på en modern musikspelare. Om du har en stor musiksamling och värdesätter omfattande mapphantering, är Clementine definitivt ett utmärkt val.

Sammanfattningsvis erbjuder Clementine allt du kan förvänta dig av en förstklassig musikspelare och mer därtill. Det är den ideala lösningen för alla som behöver effektiv organisering av sin musikbibliotek samtidigt som de får nytta av ytterligare funktioner. Prova Clementine och upplev hur mycket bättre hanteringen av din musik kan bli med rätt spelare.

Clementine kan installeras via programhanteraren.

27. Shell Command Line

I Linux Mint-världen är shellen mer än bara ett verktyg – det är porten till en oändlig värld av möjligheter och djup kontroll över ditt system. Men vad är egentligen shellen, och hur kan du använda den för dina behov?

Shellen, även känd som kommandoradstolken, är ett gränssnitt som gör att du kan kommunicera med din dator genom textinmatning. Till skillnad från det grafiska användargränssnittet (GUI), där du startar program genom att klicka på ikoner och menyer, arbetar du i shellen med kommandon som du skriver direkt. Dessa kommandon ger systemet instruktioner, som det sedan utför.

En stor fördel med shellen är dess flexibilitet och kraft. Du kan utföra nästan alla uppgifter som du skulle kunna göra med ett grafiskt gränssnitt via shellen. Detta inkluderar att kopiera och flytta filer, installera och ta bort programvara, justera systeminställningar och mycket mer. Shellen ger dig också tillgång till avancerade funktioner och skript som kanske inte är tillgängliga i GUI

.

En annan fördel är effektiviteten. Många uppgifter kan utföras snabbare via shellen eftersom du inte behöver använda musrörelser och klick. Du skriver helt enkelt in det önskade kommandot, och systemet utför det. Detta är särskilt användbart om du har återkommande uppgifter eller vill köra flera kommandon i följd.

För att använda shellen, öppna helt enkelt terminalen som du kan hitta genom startmenyn. Här kan du skriva in dina kommandon och se utdata direkt på skärmen. Shellen kan ha en brant inlärningskurva, särskilt om du är ny med kommandorader, men det är värt att lära sig grunderna. Det finns många resurser och dokumentation tillgängliga som kan hjälpa dig att bli bekant med de olika kommandona och deras alternativ.

Varning: När du arbetar med shellen bör du vara särskilt försiktig, särskilt om du använder root-behörigheter. Root-behörigheter ger dig obegränsad åtkomst till ditt system, vilket innebär att du också kan ändra kritiska systemfiler och konfigurationer. Ett misstag eller ett felaktigt skrivet kommando kan ha allvarliga konsekvenser, inklusive att skada ditt system eller förlora data. Därför är det viktigt att vara extremt exakt och försiktig när du arbetar med root-behörigheter. Om du är osäker, överväg att söka ytterligare information eller, som en försiktighetsåtgärd, skapa en säkerhetskopia av dina viktiga data innan du fördjupar dig i shell-kommandon.

Sammanfattningsvis är shellen ett kraftfullt verktyg som ger dig full kontroll över ditt system och låter dig utföra uppgifter på ett effektivt och direkt sätt. Använd dess möjligheter klokt och med eftertanke, och du kommer att upptäcka hur mycket det kan berika ditt arbete med Linux Mint.

Även om Linux Mint är utformat för att användas nästan helt via det grafiska användargränssnittet, har jag valt att ägna ett kapitel åt shellen. Varför? Eftersom shellen är en integrerad del av Linux och ger dig djupare insikter och kontroll över ditt system. Även om det är möjligt att använda Linux Mint nästan uteslutande utan shellen, är det ändå viktigt att förstå dess existens och möjligheter.

I det kommande kapitlet kommer jag att introducera dig för de viktigaste shell-kommandona som jag ofta använder och som kan vara relevanta för dig. Dessa kommandon är inte bara användbara för att hantera och konfigurera ditt system, utan de erbjuder också ett mer effektivt sätt att utföra vissa uppgifter.

En kort översikt över några grundläggande shell-kommandon kommer att hjälpa dig att utveckla en bättre förståelse för hur du ytterligare kan anpassa och optimera ditt system. Du kommer att lära dig hur man hanterar filer och kataloger, installerar och tar bort programvara samt utför andra viktiga funktioner.

Det är dock viktigt att betona att denna bok inte är speciellt avsedd för att arbeta med shell-kommandon. De flesta användare av Linux Mint kommer att använda det grafiska gränssnittet för sina dagliga uppgifter. Ändå är Linux Mint ett riktigt Linux-system, och shellen är ett kraftfullt verktyg som inte kan förbises.

Genom att förstå och använda grundläggande shell-kommandon kan du utöka dina färdigheter och utnyttja ditt systems fulla potential. Även om du inte betraktar dig själv som en avancerad användare, kan kunskap om dessa kommandon hjälpa dig att lösa problem snabbare, utföra systemadministrationsuppgifter mer effektivt och i slutändan få en bättre förståelse för hur Linux Mint fungerar.

I det kommande kapitlet kommer jag steg för steg att presentera de viktigaste kommandona. Dessa kommer inte bara att hjälpa dig att navigera i systemet bättre utan också ge dig en känsla för kraften och flexibiliteten hos shellen. Förbered dig på att upptäcka en ny dimension av din Linux Mint-upplevelse!

28. Shell Kommandona

Välkommen till nästa avsnitt, där vi kommer att gå igenom de viktigaste shell-kommandona som du kanske finner användbara när du arbetar med Linux Mint. Även om många uppgifter kan hanteras bekvämt genom det grafiska användargränssnittet, erbjuder shellen en direkt och ofta mer effektiv metod för systemhantering. Låt oss därför ta en titt under huven på Linux Mint tillsammans och ta reda på vilka kommandon som kan göra ditt liv lättare.

Öppna shellen. Längst ner i baren (i Windows aktivitetsfält) hittar du en svart ikon med ett litet dollartecken, terminalikonen. Efter att du har klickat öppnas ett textfönster.

I textfönstret står namnet på den inloggade användaren @ namn på datorn. (username@pcname: ~$), vilket betyder: användare med namnet på systemet med namnet:

Om du vill få root-rättigheter, skriv »sudo su«, och terminalen kommer att be om lösenordet:

Du är nu inloggad som root@pcname: /home/your-name# och har absolut makt med shellen. Med rätt kommandon kan du förstöra hela systemet. Så var mycket försiktig. Det är bäst att stänga shellen, öppna

Timeshift, göra ett ögonblicksbild och sedan gå tillbaka till shellen!

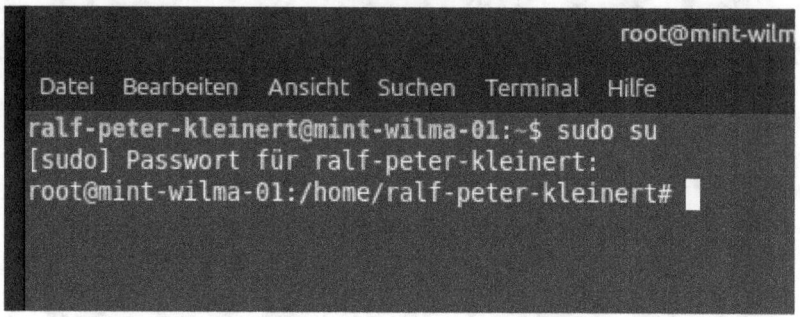

Jag kommer nu att visa dig ett urval av viktiga shellkommandon. Oroa dig inte – du behöver inte använda shellen i Linux Mint; systemet kan i stor utsträckning hanteras genom det grafiska användargränssnittet (GUI). Det betyder att du kan navigera genom de flesta inställningar och åtgärder genom att klicka, utan att någonsin behöva titta på shellen. Men om du någon gång behöver ett kommando eller är nyfiken på vad shellen kan göra, är du på rätt plats.

Denna korta introduktion kommer inte att ge dig en omfattande behärskning av shellen – det skulle vara en livslång inlärningsprocess, eftersom möjligheterna är nästan obegränsade. Vad jag kan göra är att ge dig en grundläggande förståelse för shellen och introducera dig till de viktigaste kommandona som du kan stöta på i det dagliga användandet.

Shellen är i grund och botten hjärtat av varje Linuxsystem. Kommandon körs direkt här, utan omvägen genom snygga grafiska gränssnitt. Shellen är kraftfull, den är direkt – men det betyder också att du bör veta vad du gör. Att ge sig in i shellen känns som att titta under huven och arbeta direkt med motorn. Men som med alla motorer bör du vara försiktig med vad du skruvar på och var.

Här är några kommandon som är praktiska och som kanske ger dig några Aha-ögonblick. Tveka inte att prova shellen, men kom alltid ihåg: med stor makt kommer stort ansvar! Du kan åstadkomma mycket, men du bör alltid veta exakt vad du gör innan du trycker på Enter. Ingen panik – med eftertanke och försiktighet är shellen ett fantastiskt verktyg som bara kommer att berika din Linux-upplevelse.

28.1 Filsystem

Shellen är öppen och du kan använda de fetmarkerade kommandona. För att navigera i filsystemet i Linux Mint, använd följande kommandon:

cd (Change Directory): Med det här kommandot byter du den aktuella katalogen. Till exempel: **cd /home/**

användarnamn/Dokument tar dig till katalogen »Dokument« inom din hemkatalog.

cd .. går ett katalogsteg bakåt.

cd /home/användarnamn/Dok och Tab kompletterar ordet »Dokument« om mappen »Dokument« finns i /home/.

ls (List): Detta kommando visar innehållet i den aktuella katalogen. Använd **ls -l** för mer detaljerad information eller **ls -a** för att visa dolda filer.

pwd (Print Working Directory): Detta kommando visar den fullständiga sökvägen till den aktuella katalogen.

28.2 Hantera Filer, Kataloger

cp (Copy): Med detta kommando kan du kopiera filer och kataloger. Till exempel: cp file.txt /home/användarnamn/målmapp/ kopierar filen »file.txt« till målappen.

mv (Move): Detta kommando flyttar eller byter namn på filer och kataloger. Till exempel: mv oldFile.txt newFile.txt byter namn på filen »oldFile.txt« till »newFile.txt«.

rm (Remove): Med detta kommando raderar du filer eller kataloger. Var försiktig, eftersom raderade filer inte flyttas till papperskorgen. Använd rm -r för att ta bort kataloger inklusive deras innehåll.

mkdir (Make Directory): Skapar en ny katalog. Till exempel: mkdir newFolder skapar en katalog som heter »newFolder«.

rmdir (Remove Directory): Raderar en tom katalog. Till exempel: rmdir emptyFolder tar bort den tomma katalogen »emptyFolder«.

cat (Concatenate): Visar innehållet i en fil. Till exempel: cat file.txt visar hela innehållet i filen »file.txt«.

less: Visar innehållet i en fil sida för sida, med möjlighet att bläddra genom innehållet. Till exempel: less file.txt låter dig bläddra genom innehållet i filen »file.txt«.

head: Visar de första raderna i en fil. Till exempel: head -n 10 file.txt visar de första 10 raderna av »file.txt«.

tail: Visar de sista raderna i en fil. Till exempel: tail -n 10 file.txt visar de sista 10 raderna av »file.txt«.

find: Söker efter filer och kataloger i filsystemet baserat på kriterier. Till exempel: find /home/användarnamn -name »*.txt« söker efter alla .txt-filer i katalogen »/home/användarnamn«.

grep: Söker efter specifika textmönster i filer. Till exempel: grep »sökterm« file.txt söker efter »sökterm« i filen »file.txt«.

28.3 Filbehörigheter, Filegenskaper

chmod (Change Mode): Ändrar behörigheterna för en fil eller katalog. Exempel: chmod 755 fil.txt ställer in behörigheterna för »fil.txt« till »rwxr-xr-x«.

chown (Change Owner): Ändrar ägaren och gruppen av en fil eller katalog. Exempel: chown användarnamn fil.txt ändrar ägaren av filen »fil.txt« till »användarnamn« och gruppen till »grupp«.

stat: Visar detaljerad information om en fil eller katalog, inklusive behörigheter, storlek och tidsstämplar. Exempel: stat fil.txt visar detaljerad information om filen »fil.txt«.

28.4 Filsystemskontroll, Filsystemreparation

fsck (File System Consistency Check): Kontrollerar och reparerar filsystemfel. Exempel: sudo fsck /dev/sda1 kontrollerar filsystemet på partitionen »/dev/sda1«.

e2fsck (Ext2/3/4 Filesystem Check): Detta kommando är specifikt för kontroll och reparation av Ext2-, Ext3- och Ext4-filsystem. Exempel: sudo e2fsck -f /dev/sda1. Detta kommando tvingar en filsystemskontroll på partitionen »/dev/sda1«.

tune2fs (Tune Ext2/3/4 Filesystem): Även om tune2fs främst används för att justera filsystemparametrar, kan du också använda det för att schemalägga vissa kontroller och underhåll av filsystemet. Exempel: sudo tune2fs -c 30 /dev/sda1. Ställer in att filsystemet på »/dev/sda1« ska kontrolleras efter 30 monteringar.

badblocks (Check Bad Blocks): Detta kommando kontrollerar en hårddisk eller partition efter dåliga block. Det kan hjälpa till att identifiera hårdvaruproblem som kan skada filsystemet. Exempel: sudo badblocks -v /dev/sda1. Kontrollerar partitionen »/dev/sda1« efter dåliga block och visar detaljerad framsteg.

smartctl (S.M.A.R.T. Monitoring Tools): Detta verktyg används för att övervaka och kontrollera statusen för hårddiskar och SSD-enheter. Det använder S.M.A.R.T.-teknik för att upptäcka potentiella problem innan de uppstår. Exempel: sudo smartctl -a /dev/sda. Visar omfattande information och status för hårddisken »/dev/sda«.

xfs_repair (XFS Filesystem Repair): Om du använder ett XFS-filsystem används detta kommando för att kontrollera och reparera det. XFS är ett filsystem som ofta används på stora filservrar. Exempel: sudo xfs_repair /dev/sda1. Kontrollerar och reparerar XFS-filsystemet på partitionen »/dev/sda1«.

btrfs check (Btrfs Filesystem Check): För Btrfs-filsystemet används kommandot btrfs check för att verifiera och reparera filsystemets integritet. Exempel: sudo btrfs check /dev/sda1. Utför en kontroll av Btrfs-filsystemet på partitionen »/dev/sda1«.

mount -o remount,ro och umount: Innan du kör några av ovanstående kommandon, särskilt de som involverar direkt filsystemreparation, bör du montera om filsystemet i skrivskyddat läge eller avmontera det för att undvika potentiell dataförlust. Exempel: sudo mount -o remount,ro /dev/sda1. Monterar om filsystemet på »/dev/sda1« i skrivskyddat läge. sudo umount /dev/sda1. Avmonterar partitionen »/dev/sda1« så att den säkert kan kontrolleras.

Men var försiktig! Var alltid försiktig när du petar i systemets kärna. Det är inte bara att snabbt kontrollera eller reparera ett filsystem utan potentiella konsekvenser. Så fort du börjar använda kommandon som fsck, e2fsck eller till och med umount, gör du djupare ingrepp i systemet. Och om du inte är försiktig kan du lätt bränna dig – det vill säga, du kan förlora data eller till och med inaktivera ditt system.

Särskilt viktigt: Om du vill avmontera ett filsystem för att kontrollera eller reparera det måste du säkerställa att inga viktiga processer körs på det. Föreställ dig att du avmonterar en partition där din databasserver, som MySQL, körs. Boom, allt kraschar och plötsligt sitter du där och undrar varför hela ditt system inte fungerar längre. Du måste alltså se till att du antingen stänger av den berörda tjänsten ordentligt innan eller monterar om filsystemet i skrivskyddat läge innan du gör något med det.

Ett bra exempel på detta är kommandot umount. Du använder det för att säkert ta bort partitioner från systemet så att de kan kontrolleras eller repareras. Men var försiktig: Om du av misstag avmonterar huvuddisken där viktiga systemtjänster eller program körs, kan det få allvarliga konsekvenser. Därför bör du alltid dubbelkolla vilken partition du arbetar med och säkerställa att inga aktiva applikationer använder den.

Om du vill kontrollera eller reparera filsystemet kan kommandot fsck hjälpa dig. Detta kommando kontrollerar och reparerar inkonsekventa filsystem. Men återigen, försiktighet krävs. Kör bara detta kommando på ett avmonterat eller skrivskyddat monterat filsystem. Arbeta aldrig med ett aktivt, skrivbart filsystem. Föreställ dig att du skriver något till hårddisken medan processen pågår – kaos är förprogrammerat. Ett exempel skulle vara kommandot sudo fsck /dev/sda1, som säkerställer att partitionen »/dev/sda1« kontrolleras för fel.

Ett annat viktigt verktyg är badblocks. Detta kommando kontrollerar om din hårddisk har defekta block – områden som inte längre kan skrivas eller läsas ordentligt. Det är ett bra test för att tidigt upptäcka hårdvaruproblem. Men återigen, var försiktig. Om du har en stor hårddisk kan detta kommando ta lång tid att köra. Använd det därför inte på en disk som är aktivt i bruk, eftersom detta kan leda till dataförluster.

Och vad sägs om S.M.A.R.T.? Detta inbyggda självtest, som du kan starta med kommandot smartctl, hjälper dig att övervaka hälsan på dina hårddiskar. Återigen, detta test är säkrare än andra, men om din enhet redan har defekta block kan överdriven användning förvärra situationen. Ha alltid säkerhetskopior redo och planera att byta ut hårddisken om problem uppstår.

Verktyget tune2fs kan också vara användbart för att automatisera underhållet av ditt filsystem. Med det kan du ange efter hur många systemstarter filsystemet automatiskt kontrolleras. Men var försiktig med att inte göra inställningar som kan orsaka problem under drift.

För specialiserade filsystem som XFS finns kommandot xfs_repair. XFS är ett filsystem som är speciellt utvecklat för stora datamängder och hög prestanda. Använd detta kommando endast om du är säker på att XFS-filsystemet är skadat, och glöm inte: säkerhetskopiera först, kontrollera efteråt.

Sist men inte minst: För Btrfs-filsystem finns kommandot btrfs check. Btrfs är ett modernt filsystem som erbjuder många häftiga funktioner som snapshots och komprimering. Även här gäller: Utför kontrollen endast på ett filsystem som inte används, och var mycket försiktig vid reparationer – ett felsteg kan lätt leda till dataförlust.

Kom ihåg: Hur kraftfull skalet än är, kan det bli lika farligt om du inte är försiktig. Arbeta alltid eftertänksamt och kör endast de kommandon som du är absolut säker på. Det är bättre att dubbelkolla än att skriva fel en gång – och förstöra systemet.

Även om du skriver in ett kommando och inte genast förstör systemet, är det mycket möjligt att din dator blir oanvändbar under en tid. Vissa kommandon, särskilt de som har tillgång till hårddisken eller filsystemet, kan använda så många resurser att datorn eller servern är fullt upptagen. Musen kan börja hacka, program svarar inte längre och i värsta fall verkar det som om hela datorn har frusit. Detta händer inte för att du har gjort något fel, utan för att kommandot du har kört kräver hårdvarans fulla uppmärksamhet.

Ta kommandot dd som exempel, som ofta används för att kopiera data från en plats till en annan – vare sig det är en hel disk eller en partition. Detta kommando arbetar med rådata och har en tendens att fullt belasta hårddiskarna. Så om du har ett dd-kommando som körs, och till exempel kopierar en stor fil från en hårddisk till en annan, kan disken bli så intensivt belastad att inget annat fungerar. Systemet är inte trasigt, men det är förlamat så länge operationen pågår.

Samma gäller för kommandon som fsck eller badblocks. Beroende på storleken på enheten och mängden data som ska kontrolleras kan dessa kommandon köras i timmar. Särskilt om du kör dessa kommandon på ett system som är i drift, kan detta göra datorn nästan oanvändbar eftersom hårddisken är helt upptagen med kontrollen.

Och här ligger kärnan: Linux är otroligt kraftfullt och flexibelt, men denna kraft måste användas med försiktighet. Många kommandon verkar harmlösa men kan få betydande effekter om de inte används korrekt. Jag kunde omöjligt lista alla Linux-kommandon som finns – en sådan bok skulle ha tusentals sidor och du skulle förmodligen ge upp halvvägs. Men det är viktigt att utveckla en grundläggande förståelse för att även det mest till synes obetydliga kommandot, när det har tillgång till filsystemet eller datorns resurser, bör övervägas noggrant.

För kom ihåg: Varje kommando du skriver in är som ett verktyg. I rätta händer kan det skapa underbara förbättringar, men i fel eller oförsiktiga händer kan det förlama eller i värsta fall förstöra ditt system. Så var alltid försiktig, särskilt när du använder root-behörigheter. Det kan kännas som en styrka, men det är också som ett tveeggat svärd – du har full kontroll, men också fullt ansvar.

28.5 Systeminformation och Hantering

df (Disk Free): Detta kommando visar ledigt och använt utrymme på dina hårddiskar. Använd df -h för en lättläst utskrift.

du (Disk Usage): Med detta kommando kan du visa storleken på filer och kataloger. Till exempel visar du -sh /home/användarnamn den totala storleken på hemkatalogen.

top: Detta kommando ger en realtidsvy över system-resursanvändning och pågående processer. Det är användbart för att övervaka systemets prestanda.

28.6 Programhantering

apt-get: Detta kommando används för att installera, ta bort eller uppdatera paket. Till exempel: sudo apt-get update uppdaterar listan över tillgängliga paket, och sudo apt-get install paketnamn installerar ett nytt paket. Om du är inloggad som sudo su (root) kan du utelämna sudo före kommandona.

dpkg: Med detta kommando kan du direkt hantera Debian-paket. Till exempel: sudo dpkg -i paket.deb installerar ett .deb-paket.

28.7 Användarhantering

adduser: Detta kommando lägger till en ny användare i systemet. Till exempel: sudo adduser nyAnvändare skapar ett nytt användarkonto.

usermod: Med detta kommando kan du ändra egenskaperna för en befintlig användare. Till exempel: sudo usermod -aG sudo användarnamn lägger till användaren i »sudo«-gruppen, vilket ger den användaren rooträttigheter.

28.8 Systemövervakning och kontroll

reboot: Detta kommando startar om systemet. Det används ofta efter ändringar som kräver en omstart.

shutdown: Med detta kommando kan du stänga av systemet. Till exempel: sudo shutdown -h now stänger av systemet omedelbart.

28.9 Egna Shell-kommandon

Här kan du skriva ner shell-kommandon som du själv behöver och anser vara särskilt viktiga. Jag har generöst planerat in sex sidor för detta, vilket ger dig gott om utrymme. För någon som precis har börjat med Linux borde detta vara mer än tillräckligt för att dokumentera viktiga kommandon och personliga anteckningar. De sex tillgängliga sidorna bör ge en bra översikt och hjälpa dig att minnas de kommandon du använder oftast.

Men om du tillhör de hardcore- och avancerade användarna som har en omfattande samling av kommandon och anteckningar, kan dessa sex sidor kanske inte räcka till. I så fall rekommenderar jag att du har ytterligare anteckningsmaterial tillgängligt för att dokumentera dina ytterligare kommentarer och specifika kommandon. Dessa sidor är tydligt markerade i innehållsförteckningen så att du snabbt och enkelt kan hitta dem utan att behöva leta länge.

Jag hoppas att detta upplägg hjälper dig att effektivt organisera dina shell-kommandon och optimera dina Linux-upplevelser. Använd de tillgängliga sidorna för att skapa din personliga samling av användbara kommandon och håll koll på den information som är viktig för dig.

28.10 Mina Shell-kommandon 1

Mina Shell-kommandon I

28.11 Mina Shell-kommandon 2

Mina Shell-kommandon 2

28.12 Mina Shell-kommandon 3

Mina Shell-kommandon 3

28.13 Shellkommandoreferenser

Om du vill fördjupa dig i att arbeta med skalet på Linux Mint finns det många användbara resurser online som inte bara lär dig grunderna utan även förklarar avancerade tekniker och kommandon. Webbplatser som Tecmint erbjuder omfattande listor med över 100 viktiga kommandon som du kan lära dig steg för steg (LFCS Prep eBook, https://www.tecmint.com/essential-linux-commands/). De täcker allt från att hantera användarkonton till detaljerade guider om nätverksövervakning.

En annan fantastisk källa är FOSSLinux, https://www.fosslinux.com/103546/the-beginners-guide-to-using-terminal-on-linux-mint.htm, som erbjuder detaljerade guider speciellt för nybörjare. Här hittar du enkla instruktioner om hur du hanterar grundläggande kommandon som pwd (visa arbetskatalog) eller chmod (ändra fil- och katalogbehörigheter). Webbplatsen täcker också hantering av programvarupaket med apt-get och dpkg, vilket hjälper dig att installera och hantera programvara direkt från kommandoraden (FOSS Linux).

Här är några användbara webbplatser på tyska som kan hjälpa dig att lära dig, slå upp och bättre förstå Linux Mint-skalets kommandon:

Ubuntuusers.de - Kommandonöversikt: Den här webbplatsen erbjuder en omfattande översikt över de viktigaste Linux-kommandona, allt från filhantering till nätverkskommandon och processkontroll. Allt presenteras tydligt och väl dokumenterat. Särskilt användbar är listan över nätverks- och filverktyg. Länk: https://wiki.ubuntuusers.de/Shell/Befehls%C3%BCbersicht/

HowtoForge.de - Användbara grundläggande kommandon för terminalen: Den här webbplatsen täcker viktiga grundläggande kommandon och deras användning i terminalen på Linux Mint och Ubuntu. Du hittar instruktioner om hur du installerar programvara eller hanterar processer. Särskilt användbara är tipsen om att använda root-kontot och processkontroll. Länk: https://www.howtoforge.de/uncategorized/nutzliche-grundbefehle-fur-das-terminal-unter-linux-mint-11-und-ubuntu-linu/

Computerhilfen.de - Linux konsolkommandon: Den här webbplatsen tillhandahåller en alfabetisk lista över de viktigaste Linux-kommandona, förklarar deras funktion och ger användbara exempel. Här kan du snabbt slå upp hur du utför grundläggande operationer som att kopiera, flytta eller visa filer via terminalen. Länk: https://www.computerhilfen.de/info/linux-befehlsuebersicht.html

Alla dessa webbplatser erbjuder både grunderna och avancerade tekniker och är utmärkta referensmaterial för daglig användning eller för att fördjupa din kunskap om Linux-skalet.

29. Linux Mint Webbresurser

Nu när jag har gett dig en omfattande översikt över varför ett byte från Windows till Linux Mint år 2024 är värt att överväga, vill jag påminna dig om varför detta steg kan vara särskilt viktigt. Det handlar inte bara om Microsofts datainsamling, som jag anser redan är en tydlig anledning, utan också om många andra aspekter som talar för en övergång. Låt oss fördjupa oss i dessa skäl och ta reda på varför Linux Mint är värt att överväga.

Om du har bestämt dig för att ta steget och prova Linux Mint, vill jag göra din start så enkel som möjligt. Övergången till ett nytt operativsystem kan verka skrämmande till en början, men oroa dig inte – jag har sammanställt några värdefulla resurser och startpunkter som kommer att underlätta din övergång. Jag rekommenderar särskilt den tyskspråkiga installationsguiden, som steg för steg kommer att vägleda dig genom processen och ge dig värdefulla tips och tricks.

Linux Mint Forum (Tyska och Engelska): Det officiella forumet för Linux Mint erbjuder stöd för alla frågor relaterade till Linux Mint. Oavsett om det handlar om installation, anpassning eller specifika mjukvarufrågor – här finns det en stor och hjälpsam community. Länk: https://forums.linuxmint.com/

Linux Mint Wiki (Tyska): Linux Mint Wiki är en omfattande kunskapsbas som erbjuder officiella instruktioner och tips för installation och hantering av Linux Mint. Länk: https://linuxmint-installation-guide.readthedocs.io/de/latest/

UbuntuUsers Wiki (Tyska): Eftersom Linux Mint är baserat på Ubuntu erbjuder UbuntuUsers Wiki också värdefull information och guider om nästan alla ämnen relaterade till Linux, från shell-kommandon till systemadministration. Länk: https://wiki.ubuntuusers.de/Startseite/

Pro-Linux (Tyska): Pro-Linux erbjuder ett stort forum, regelbundna nyheter och guider om olika Linux-ämnen. Det är en av de ledande tyskspråkiga webbplatserna för Linux-användare. Länk: https://www.pro-linux.de/

LinuxQuestions.org (Engelska): Ett klassiskt forum för alla typer av Linux-frågor, med specifika underkategorier för distributioner och ämnen som virtualisering eller säkerhet. Det är idealiskt för allmänna Linux-frågor (LinuxQuestions). Länk: https://www.linuxquestions.org/

It's FOSS (Engelska): Denna webbplats erbjuder lättbegripliga guider och nyheter specifikt för desktop-Linux-användare. Här finns också specifika guider och rekommendationer för mjukvara för Linux Mint (It's FOSS). Länk: https://itsfoss.com/useful-linux-websites/

Du ser att det finns gott om resurser på internet. Linux Mint har en stor och växande community. För varje litet problem eller fråga finns det ett svar någonstans. Och här blir det verkligen spännande. Du är inte ensam på denna resa! Du har fått denna lilla referens från mig, men det är bara början. Om du verkligen stöter på problem, använd bara Google – sökmotorn kommer att bli din bästa vän, jag lovar.

Det finns inget i Linux Mint som du inte kan hitta och slå upp på kort tid. Från grunderna till installation och anpassning till avancerade ämnen som shell-kommandon och systemoptimering – internet är fullt av kunskapskällor. Oavsett om det är officiella forum, specialiserade bloggar eller wikis: informationsflödet är enormt, och vanligtvis bakom varje svar finns en hjälpsam hand från Linux-communityt.

Speciellt om du är ny i Linux-världen kommer du snart att upptäcka att de flesta frågor redan har ställts av någon innan dig. Communityn lever på denna utväxling. Och det bästa? Oavsett om du är nybörjare eller erfaren användare – alla hjälper alla. Så tveka inte om du stöter på ett problem. Fråga eller slå upp det, och svaret kommer inte dröja länge.

Med en så bra grund i ryggen kan du vara säker på: Linux Mint erbjuder dig alla verktyg du behöver, och internet ser till att du kan använda dessa verktyg på rätt sätt.

29.1 Tysk Installationsguide

Ett av de bästa sätten att bekanta sig med installationen av Linux Mint är att använda en omfattande tyskspråkig installationsguide. Dessa guider är speciellt utformade för att förklara hela installationsprocessen tydligt och begripligt. Några av de viktigaste fördelarna är:

Detaljerade steg-för-steg-anvisningar: Du får precisa anvisningar som leder dig genom varje steg av installationen – från att skapa en boot-stick till den faktiska installationen av Linux Mint på din hårddisk.

Bilder för illustration: Guiderna innehåller många bilder som visar hur varje steg ser ut i praktiken. Detta är särskilt användbart för att undvika missförstånd och säkerställa att du vet exakt vad som ska göras härnäst.

Tips och tricks: Förutom de grundläggande anvisningarna hittar du också användbara tips som hjälper dig att undvika vanliga fallgropar och göra installationsprocessen så smidig som möjligt.

Var hittar du dessa guider? Kolla på webbplatser och forum som specialiserar sig på Linux Mint och Linux i allmänhet. Den officiella Linux Mint-webbplatsen erbjuder också resurser och länkar till installationsguider. Det finns också många tysktalande Linux-communityn och YouTube-kanaler som erbjuder värdefull information och guider.

Linux Mint Installationsguide Tyska:
https://linuxmint-installation-guide.readthedocs.io/de/latest/

https://www.linuxmint.com/

Linux Mint 22 Video:
https://www.youtube.com/watch?v=DDtMTVW1U4s

Linux Mint Community
https://community.linuxmint.com/

https://tuhlteim.de/category/linux

29.2 Personliga anteckningar

Personliga anteckningar

30. Tuhl Teim DE

På https://tuhlteim.de/category/linux hittar du fantastiska guider om Linux. Tuhl Teim har också denna YouTube-video: https://www.youtube.com/watch?v=DDtMTVW1U4s. Videon visar perfekt vad Linux Mint 22 Wilma handlar om. Det är värt att titta på denna video för att förenkla ditt beslut.

I världen av Linux-distributioner finns det en mängd källor och communitys som erbjuder värdefull information och stöd. En av dessa anmärkningsvärda resurser är Tuhl Teim-webbplatsen. Om du är intresserad av Linux Mint eller Linux i allmänhet, bör du definitivt ta en titt på denna plattform. Låt oss titta närmare på webbplatsen och dess fördelar och utforska varför den är en utmärkt resurs för Linux-nykomlingar och entusiaster.

30.1 Vad är Tuhl Teim?

Tuhl Teim är en omfattande plattform som specialiserar sig på Linux Mint, Linux-distributioner och relaterade ämnen. Webbplatsen erbjuder en mängd information, handledningar och tips om användning och förståelse av Linux-system. Några av de viktigaste funktionerna som gör Tuhl Teim till en så värdefull resurs är:

1. Detaljerade installationsguider

En central aspekt av Tuhl Teim är de detaljerade installationsguiderna för Linux Mint. Dessa guider är inte bara precisa och grundliga utan också speciellt utformade för att underlätta övergången för nybörjare.

Varför är detta viktigt? För att du får en steg-för-steg-guide som hjälper dig att installera Linux Mint säkert och effektivt. Guiderna innehåller ofta bilder och ytterligare tips för att säkerställa att du utför alla nödvändiga steg korrekt och undviker potentiella fallgropar.

2. Omfattande förklaringar om Linux Mint

Tuhl Teim erbjuder djupgående förklaringar av olika aspekter av Linux Mint. Detta inkluderar:

Skrivbordsmiljöer: Webbplatsen förklarar i detalj vilka skrivbordsmiljöer som är tillgängliga för Linux Mint – som Cinnamon, MATE och Xfce – och vilka fördelar och nackdelar de erbjuder.

Varför är detta hjälpsamt? För att du kan lära känna de olika alternativen och ta reda på vilken skrivbordsmiljö som bäst passar dina behov och preferenser.

Denna information är avgörande för att fatta ett välgrundat beslut om vilken version av Linux Mint som är bäst för dig.

Systemkonfiguration: Du får värdefulla insikter om konfiguration av Linux Mint, inklusive justering av systeminställningar och installation av ytterligare programvara.

Varför är detta viktigt? För att bra systemkonfiguration hjälper till att optimera systemets prestanda och användbarhet. Tuhl Teim hjälper dig att anpassa ditt system efter dina önskemål och ställa in det optimalt för din användning.

3. Tips och tricks för vardagsbruk

Webbplatsen erbjuder inte bara tekniska guider utan även praktiska tips och tricks som hjälper dig att använda Linux Mint effektivt. Dessa sträcker sig från enkla problemlösningar till avancerade tekniker för systemoptimering.

Varför är detta fördelaktigt? För att dessa tips gör vardagsanvändningen av Linux Mint enklare och hjälper dig att få ut det mesta av ditt system. Oavsett om det handlar om att förbättra prestanda eller lösa vanliga problem – Tuhl Teim erbjuder de resurser du behöver.

4. Ett engagerat forum och community-stöd
En annan stor fördel med Tuhl Teim är den engagerade community som står bakom plattformen. I forumen och diskussionerna kan du ställa frågor, hitta svar och interagera med andra Linux-användare.

Varför är detta viktigt? För att communityn erbjuder stöd när du stöter på problem eller har frågor. Att interagera med andra användare kan ofta ge snabba lösningar och ytterligare perspektiv som hjälper dig att förbättra din Linux-upplevelse.

5. Säkerhet och integritet
En viktig punkt vid användning av Linux Mint är säkerhet och integritet. Tuhl Teim tar också upp dessa ämnen grundligt och erbjuder vägledning om hur du håller ditt system säkert och skyddar dina data.

Varför är detta avgörande? För att skydda dina personliga uppgifter och säkerställa att ditt system är skyddat mot hot är av största vikt. Tuhl Teim ger dig verktygen för att säkerställa att du arbetar i en säker och skyddad miljö.

Sammanfattning:

Tuhl Teim är en utmärkt resurs för alla som vill lära sig om Linux Mint och Linux-världen. De detaljerade installationsguiderna, omfattande förklaringarna, praktiska tipsen, det engagerade community-stödet och säkerhetsinformationen gör webbplatsen till en värdefull resurs för både nybörjare och erfarna användare.

Varför ska du använda Tuhl Teim? För att plattformen inte bara hjälper dig att navigera i Linux Mint-världen utan också erbjuder möjligheten att utöka dina kunskaper och optimera ditt system. Så om du överväger att byta till Linux Mint eller fördjupa dina kunskaper, bör du definitivt kolla in Tuhl Teim. Denna webbplats erbjuder de resurser du behöver för att göra din Linux-resa framgångsrik och effektiv.

Om du tror att Tuhl Teim bara är en annan plattform för Linux-relaterade ämnen, låt mig rätta dig. Webbplatsen erbjuder mycket mer än bara specialiserade förklaringar och guider om Linux Mint. Faktum är att Tuhl Teim är en verklig guldgruva av information från hela datorteknikens område som sträcker sig över de senaste 30 åren. Denna kunskapsmassa gör sidan till ett oumbärligt verktyg för alla teknikentusiaster, och jag har personligen haft nytta av de otaliga informationerna och resurserna genom åren. Låt mig ge dig en närmare inblick i varför Tuhl Teim är så exceptionellt.

Ett Arkiv av Datorhistorik

Tuhl Teim är inte bara en plats för aktuella Linux-ämnen utan även ett imponerande arkiv som omfattar information och utvecklingar från de senaste tre decennierna av datorteknik. Om du är en teknikentusiast eller helt enkelt intresserad av datorvärldens evolution, kommer du att hitta mycket på Tuhl Teim.

Historiska Inblickar: Webbplatsen erbjuder detaljerade artiklar och förklaringar om utvecklingar som har format datorvärlden. Oavsett om det handlar om evolutionen av operativsystem, framsteg inom hårdvaruteknik eller banbrytande innovationer – Tuhl Teim ger dig en välgrundad och historisk perspektiv.

Teknologiska Milstolpar: Från början av persondatorn till de senaste trenderna inom IT-världen – på Tuhl Teim hittar du omfattande information om betydande teknologiska milstolpar. Dessa perspektiv är inte bara lärorika utan också fascinerande om man vill förstå datorteknikens historia.

Praktisk Kunskap för Vardagsbruk

Det som gör Tuhl Teim och https://tuhlteim-pedia.de/ särskilt användbara är tillämpningen av omfattande kunskap på praktiska frågor och utmaningar som kan uppstå i vardagen. Webbplatserna erbjuder inte bara historiska data utan även användbara tips och guider för aktuella tekniska problem.

Underhåll och Reparation: När det gäller att diagnostisera och åtgärda datorproblem hittar du på Tuhl Teim precisa guider och beprövade lösningar. Denna information är baserad på decennier av erfarenhet och hjälper dig att hantera tekniska svårigheter själv.

Optimering och Anpassning: Tuhl Teim erbjuder också värdefulla råd om optimering och anpassning av dina system. Oavsett om du vill snabba upp ditt operativsystem eller uppgradera din hårdvara – de praktiska tipsen på Tuhl Teim hjälper dig att använda din teknik mer effektivt.

En Klippa i Stormen för Teknikälskare

Under många år har jag personligen använt informationen och resurserna på Tuhl Teim och är ständigt imponerad av kvaliteten och djupet på den kunskap som erbjuds där. Här är några anledningar till varför

Tuhl Teim har blivit en oumbärlig följeslagare för mig och många andra:

Tillförlitlighet: Informationen på Tuhl Teim är grundligt forskad och ger pålitliga svar på en mängd tekniska frågor. Du kan lita på att det tillhandahållna innehållet är välgrundat och exakt.

Omfattande Täckning: Webbplatsen täcker ett brett spektrum av ämnen, från datorsteknikens historia till aktuella utvecklingar och praktiska tips. Denna omfattande täckning gör Tuhl Teim till en värdefull resurs för varje teknikintresserad.

Ständiga Uppdateringar: Trots det historiska fokuset uppdateras webbplatsen kontinuerligt. På så sätt har du alltid tillgång till den senaste informationen och trenderna, kombinerat med en välgrundad historisk perspektiv.

https://tuhlteim-pedia.de/

https://www.youtube.com/@TuhlTeimDE

31. Bok sammanfattning

I min bok har jag utförligt förklarat varför övergången från Windows till Linux Mint kan vara ett konsekvent klokt alternativ. Min metod syftar till att tydligt belysa de betydande nackdelarna med Windows-operativsystemet och utmaningarna som är förknippade med oönskad molnlagring. Genom precisa exempel och välgrundade argument har jag visat varför det är fördelaktigt att hålla dina data i dina händer istället för att de lagras okontrollerat i molnet.

Jag har i detalj förklarat de risker och osäkerheter som är förknippade med molnlagring. Osäkerheten om hur och av vem dina data kan komma att användas är en central fråga som jag har behandlat grundligt. Detta ämne blir särskilt relevant när man blir medveten om de långsiktiga perspektiven och möjliga utvecklingar inom databehandling.

Bokens kärna handlar inte bara om teori utan erbjuder också en praktisk vägledning för installation och uppsättning av Linux Mint. Jag leder dig steg för steg genom installationsprocessen och säkerställer att även nybörjare utan förkunskaper enkelt kan navigera genom installationen. Dessutom erbjuder jag en grundläggande introduktion till shellen, ett viktigt verktyg för effektiv användning och hantering av Linux Mint.

Sammanfattningsvis ger denna bok inte bara en övertygande argumentation för att byta till Linux Mint utan också de nödvändiga verktygen för att framgångsrikt installera och använda systemet. Den är speciellt utformad för absoluta nybörjare, så alla som tar del av denna bok får en solid introduktion till operativsystemet och kan använda det självständigt.

Med sina tydligt strukturerade instruktioner och förståeliga förklaringar ger denna bok en stabil grund för att upptäcka fördelarna med Linux Mint och stärka din digitala självbestämmanderätt.

Jag är medveten om att denna bok endast täcker de grundläggande ämnena och inte syftar till att göra dig till en poweruser. Det är inte heller huvudmålet med mitt verk. Snarare vill jag introducera dig till Linux Mint och sätta stopp för det föråldrade ryktet om ett »nördoperativsystem.«

Linux Mint är mycket mer än bara ett alternativt operativsystem – det är en fullt utvecklad plattform som enkelt kan mäta sig med Windows. Faktum är att jag vågar påstå att Linux Mint inte bara är jämförbart med Windows utan kan också vara överlägset på många sätt. Det kan enkelt »överglänsa« Windows, sätta det på plats och konfrontera det utan att hamna i bakgrunden.

Målet med min bok är att visa dig att Linux Mint inte bara är ett seriöst alternativ utan också ett kraftfullt system som kan möta moderna krav. Det erbjuder ett användarvänligt gränssnitt, robusta säkerhetsfunktioner och hög flexibilitet, vilket gör att du kan anpassa din arbetsmiljö efter dina önskemål. Samtidigt är det resurseffektivt och anpassningsbart.

Genom denna introduktion hoppas jag kunna bryta ned fördomar och visa att Linux Mint går långt utöver klichén om ett komplicerat system som endast används av teknikentusiaster. Det är en plattform som är redo för vardagligt bruk och vars användning inte bara är praktisk utan också behaglig och effektiv.

Min bok ger dig de nödvändiga grunderna för att lära känna och framgångsrikt använda Linux Mint. Den ska hjälpa dig att upptäcka fördelarna med detta system och öppna dörren till en värld där du kan behålla kontrollen över dina data och njuta av din digitala frihet. Övergången från en Windows-användare till en Linux Mint-användare kan initialt verka ovanlig, men med de tydliga instruktionerna och praktiska tipsen i denna bok kommer du snabbt att hitta din väg och dra nytta av systemets fördelar.

31.1 Ett sista tips till dig

Kära läsare, efter att du har arbetat dig igenom den detaljerade guiden och den värdefulla informationen i den här boken är det nu dags att utforska ditt nya operativsystem, Linux Mint, i detalj. Detta är den spännande delen av din resa – att faktiskt upptäcka och uppleva de många möjligheterna som Linux Mint erbjuder. Här är några tips om hur du kan göra denna process så bra som möjligt:

Dyk in i Linux Mint-världen: Ta dig tid att noggrant utforska Linux Mint. Öppna startmenyn och upptäck det stora utbudet av applikationer och funktioner. Klicka på olika program, utforska deras alternativ och se vad som är möjligt. Låt systemets användarvänlighet och prestanda imponera på dig.

Använd de förinstallerade programmen: Linux Mint kommer med en rad användbara program som kan underlätta din vardag. Försök att använda de förinstallerade verktygen som filhanteraren, webbläsaren eller ordbehandlaren. Lär dig hur dessa applikationer kan öka din produktivitet och göra dina uppgifter mer effektiva.

Experimentera med inställningarna: Gå till systeminställningarna och lek med de olika anpassningsalternativen. Ändra designen, justera användargränssnittet efter dina behov och experimentera med olika konfigurationer. Detta hjälper dig att skapa en miljö som är perfekt anpassad efter dina preferenser.

Ställ in dina e-postkonton: En central del av ditt digitala liv är din e-postkommunikation. Använd Thunderbird, Linux Mints kraftfulla e-postklient, för att ställa in dina e-postkonton. Importera alla dina befintliga konton, ställ in dina e-postsignaturer och utforska funktionerna för att organisera dina meddelanden.

Upptäck ny mjukvara: Linux Mint erbjuder tillgång till en omfattande samling av program via applikationshanteraren. Bläddra bland de tillgängliga programmen, installera nya applikationer och utöka dina möjligheter. Från användbara verktyg till underhållande program – urvalet är enormt.

Bli en expert genom nyfikenhet: Var nyfiken och experimentell. Prova nya saker, ställ frågor och sök efter lösningar när du stöter på problem. Din nyfikenhet kommer inte bara att göra dig till en expert snabbare, utan också utöka dina färdigheter och din kunskap.

Lär dig genom erfarenhet: Det bästa sättet att lära känna Linux Mint är att aktivt använda det. Gå igenom uppgifter steg för steg, lär dig av dina erfarenheter och upptäck ständigt nya funktioner och möjligheter. Ju mer du arbetar med Linux Mint, desto mer bekant kommer du att bli med systemet och desto säkrare kommer du att känna dig i att använda det.

Ha kul och njut av din upptäcktsresa: Njut av resan genom din nya digitala värld! Linux Mint erbjuder dig många spännande möjligheter och en användarvänlig miljö. Ha roligt med att upptäcka och experimentera, och uppskatta den nya friheten och kontrollen som detta operativsystem erbjuder.

Med dessa tips kommer du snabbt att bli en expert och fullt ut kunna utnyttja fördelarna med Linux Mint. Lycka till och, framför allt, ha roligt på din resa in i öppen källkods-världen!

32. Historien om Windows

Historien om Windows börjar 1985 med introduktionen av Windows 1.0. Vid den tiden var Microsoft fortfarande ett relativt litet företag som försökte etablera sig på en marknad som dominerades av IBM.

Windows 1.0 var ett grafiskt användargränssnitt (GUI) som byggde på MS-DOS. Det var ett radikalt steg från den textbaserade inmatningen från DOS-tiden till en visuell representation av program och filer. Trots sin innovativa ansats var Windows 1.0 inte särskilt framgångsrikt och beskrevs ofta som buggigt och begränsat.

Windows 2.0, som släpptes 1987, medförde flera förbättringar, inklusive stöd för mer minne och bättre hantering av fönster på skärmen. Denna uppdatering började lägga grunden för framtida utvecklingar, men hade ännu inte uppnått ett stort genombrott.

Det verkliga genombrottet kom med Windows 3.0, som släpptes 1990. Windows 3.0 var ett betydande framsteg och erbjöd en mycket stabilare och kraftfullare plattform än sina föregångare. Introduktionen av »Program Manager« och »File Manager« möjliggjorde en mer användarvänlig interaktion med systemet.

Slut med Windows!

Windows 3.1, som släpptes 1992, förbättrade användarvänligheten ytterligare och lade till de första äkta TrueType-teckensnitten, vilket revolutionerade utskriftskvaliteten. Denna version blev en stor succé och befäste Windows position på marknaden.

Med Windows 95, som släpptes 1995, gick Microsoft in i en ny era av användarvänlighet och funktionalitet. Windows 95 introducerade Startmenyn, ett koncept som skulle bli ett av systemets kännetecken. Integrationen av Plug-and-Play-teknologi förenklade hårdvaruinstallationen avsevärt. Koncepten med »Task Manager« och »Taskbar« introducerades också. Windows 95 var en kommersiell triumf och satte nya standarder för framtida operativsystem.

Windows 98, som släpptes 1998, medförde viktiga förbättringar som bättre internetintegration och förbättrat hårdvarustöd. Det var den första Windows-versionen som erbjöd inbyggt stöd för USB-enheter, även om detta stöd ännu inte var fullt utvecklat. Windows ME (Millennium Edition), som följde 2000, syftade till att ytterligare förbättra multimediafunktionerna och användarvänligheten, även om det kritiserades för sina stabilitetsproblem.

Windows 2000, som släpptes 2000, var främst riktat mot företag och professionellt bruk. Det erbjöd en stabil plattform med förbättrad nätverkssäkerhet och hanteringsverktyg.

Men den verkliga förändringsfaktorn var Windows XP, som kom 2001. Windows XP kombinerade stabiliteten från Windows 2000 med ett användarvänligt gränssnitt och en förbättrad systemkärna. Introduktionen av »Luna«-designen gav en visuell uppfräschning. Windows XP blev extremt populärt och förblev det föredragna operativsystemet för både privatpersoner och företag i många år.

Windows Vista, som släpptes 2007, satte en ny standard för säkerhet och visuell design men medförde också betydande hårdvarukrav som ledde till prestandaproblem för många användare.

Windows 7, som kom 2009, förbättrade användarvänligheten och prestandan avsevärt. Det rättade till många av de problem som plågat Vista och etablerade sig snabbt som ett populärt val bland användarna.

Windows 8, som släpptes 2012, markerade en radikal designförändring som fokuserade på pekskärminteraktioner och »Metro«-gränssnittet. Startmenyn ersattes av Startskärmen, vilket ledde till blandade reaktioner. Windows 8.1, som släpptes 2013, återinförde delvis den klassiska Startmenyn och erbjöd många förbättringar i användarvänlighet och systemprestanda.

Windows 10, som kom 2015, återinförde många av de bästa elementen från tidigare versioner och introducerade en regelbunden uppdateringsstrategi känd som »Windows-as-a-Service«. Windows 10 möjliggjorde en sömlös upplevelse över olika enheter och integrerade virtuella skrivbord, röstassistenten Cortana och Edge-webbläsaren.

Windows 11, som släpptes 2021, introducerade en omfattande visuell översyn och nya funktioner som widgets, en centrerad Startmeny och förbättrad multitasking. Det satte nya standarder för design och användarupplevelse och syftade till att erbjuda ett modernare och kraftfullare operativsystem.

Historien om Windows är en kronologisk resa från ett rudimentärt operativsystem till en omfattande plattform som spelar en central roll i den moderna världen. Från tidiga experiment med grafiska användargränssnitt till avancerade funktioner och kontinuerliga uppdateringar visar Windows en imponerande evolution.

Varje uppdatering och ny version har bidragit till att göra Windows till det kraftfulla verktyg det är idag. Det är fortfarande spännande att se hur operativsystemet kommer att utvecklas vidare och vilka nya innovationer framtiden kommer att erbjuda.

33. Historien om Linux

Historien om Linux börjar 1991 när Linus Torvalds, en 21-årig student vid Helsingfors universitet, släppte den första versionen av sitt eget operativsystem. Linus var frustrerad över de höga kostnaderna och den begränsade flexibiliteten hos det då populära operativsystemet MINIX, som var utvecklat för utbildningsändamål. Hans mål var att skapa ett fritt och öppet operativsystem som följde principerna för fri mjukvaruutveckling.

Den 25 augusti 1991 tillkännagav Torvalds den första versionen av Linux-kärnan i ett e-postmeddelande till en liten grupp Usenet-användare. Denna första version var mycket grundläggande, men den lade grunden för utvecklingen av ett av de mest betydelsefulla operativsystemen i historien.

Under de tidiga åren växte Linux-communityt snabbt. Utvecklare från hela världen började bidra till projektet, lägga till kod och fixa buggar. Projektets öppenhet gjorde det möjligt för vem som helst att delta, vilket ledde till snabbare utveckling och förbättring av systemet.

1992 släpptes den första versionen av Linux-kärnan under GNU General Public License (GPL). Valet att använda GPL gjorde det möjligt för Linux att spridas som ett fritt och öppet operativsystem samtidigt som det skyddade rättigheterna för både utvecklare och användare.

Med Linux tillväxt uppstod också många olika distributioner (distros), var och en baserad på olika behov och preferenser. Den första populära distributionen var Slackware, som släpptes 1993. Kort därefter följde andra betydande distributioner som Debian (1993) och Red Hat Linux (1994), som lade grunden för många senare varianter.

Denna mångfald gjorde det möjligt för användare att välja ett operativsystem som passade deras specifika krav, oavsett om det var för stationärt bruk, serverdrift eller specialiserade tillämpningar. Varje distribution bidrog med sina egna egenskaper och förbättringar, vilket bidrog till den kontinuerliga utvecklingen och förfiningen av Linux.

Under 2000-talet blev Linux alltmer betydelsefullt inom serverområdet. Företag erkände fördelarna med Linux, inklusive stabilitet, säkerhet och kostnadseffektivitet jämfört med kommersiella operativsystem. Detta ledde till en massiv spridning av Linux-servrar som användes för webbhotell, databaser och andra kritiska tillämpningar.

Införandet av Linux i moln-era var ett annat betydande framsteg. Molnleverantörer som Amazon Web Services (AWS) och Google Cloud Platform (GCP) använde Linux-baserade servrar för att erbjuda sina tjänster. Detta bidrog ytterligare till att öka acceptansen och användningen av Linux i IT-världen.

Även om Linux redan var starkt etablerat på servrar kämpade det fortfarande för acceptans på stationära datorer. Olika distributioner som Ubuntu, Fedora och Linux Mint arbetade för att förbättra användarvänligheten och tillgängligheten av Linux för att attrahera en bredare användarbas.

Ubuntu, som släpptes 2004, var ett betydande steg mot att förbättra användbarhet och användaracceptans på stationära datorer. Med sitt tydliga användargränssnitt och stora community blev Ubuntu en av de mest använda stationära distributionerna och bidrog till att etablera Linux som ett användarvänligt operativsystem.

Idag är Linux närvarande inom många områden av det digitala livet. Förutom dominansen på servrar och i molnet har Linux även blivit viktigt inom inbyggda system och Internet of Things (IoT). Många enheter, såsom smarta TV-apparater, routrar och till och med fordon, använder Linux som operativsystem, vilket understryker dess flexibilitet och mångsidighet.

Linux-communityt förblir aktivt och innovativt, med ständiga utvecklingar och förbättringar som syftar till att optimera systemet och anpassa det till nya teknologier. Med det kontinuerliga stödet från en engagerad community och företagsdeltagande förblir Linux en central del av den moderna IT-landskapet.

Historien om Linux är en berättelse om visionär innovation, gemensamt samarbete och kraften i open-source-rörelsen. Från de blygsamma början som ett studentprojekt till ett globalt fenomen har Linux visat hur open-source-teknologi kan förändra världen. Dess kontinuerliga utveckling och breda acceptans inom olika områden bekräftar dess betydelse och förmåga att möta utmaningarna inom modern teknologi. Det blir spännande att se hur Linux kommer att utvecklas vidare och vilka nya möjligheter och utmaningar framtiden kommer att erbjuda.

34. Datorns Historia

Datorns historia är en fascinerande resa genom en serie revolutionerande utvecklingar och teknologiska språng som har förändrat vår värld på djupet. Den börjar i de tidiga dagarna av mänsklig civilisation och sträcker sig till den moderna eran av digital uppkoppling som formar vårt dagliga liv. Låt oss utforska denna fascinerande utveckling närmare.

Vår resa börjar långt tillbaka i antiken när människan utvecklade de första rudimentära hjälpmedlen för beräkning. Abacus, ett enkelt men effektivt verktyg, användes redan i antiken för att utföra grundläggande matematiska beräkningar. Dessa tidiga hjälpmedel gjorde det möjligt för människan att hantera komplexa uppgifter och lade grunden för utvecklingen av senare beräkningstekniker.

Den verkliga revolutionen började dock på 1600-talet med uppfinningen av mekaniska räknemaskiner. Blaise Pascal, en fransk matematiker, utvecklade 1642 den »Pascaline«, en av de första mekaniska räknemaskinerna. Detta verktyg kunde utföra additioner och subtraktioner och var ett betydande framsteg inom beräkningstekniken. Gottfried Wilhelm Leibniz byggde vidare på Pascals arbete genom att skapa en maskin som även kunde utföra multiplikationer och divisioner. Dessa tidiga maskiner var imponerande tekniska prestationer för sin tid, även om de fortfarande var långt ifrån dagens datorer.

Det nästa stora framsteget kom på 1800-talet när Charles Babbage, en engelsk matematiker, designade den »Analytiska Maskinen«. Denna maskin var konstruerad som en universell dator och representerade ett revolutionerande koncept. Babbage's Analytiska Maskin kunde programmeras med hjälp av hålkort, vilket ses som det första steget mot programmering. Ada Lovelace, en matematiker och nära vän till Babbage, skrev anteckningar om denna maskin som betraktas som det första kända datorprogrammet. Hennes visionära arbete lade grunden för utvecklingen av programmering som vi känner den idag.

Den verkliga datoreran började dock först på 1900-talet med framväxten av elektromekanik och elektronik. Under andra världskriget utvecklade den brittiska matematikern Alan Turing Colossus-maskinen, som användes för att dekryptera krypterade meddelanden från den tyska militären. Denna maskin betraktas som en av de första verkliga datorerna i den moderna eran.

SLUT MED WINDOWS!

Samtidigt utvecklade den tyska ingenjören Konrad Zuse Z3, som anses vara den första fullt automatiska, programmerbara digitala datorn. Dessa tidiga datorer var imponerande men också enormt stora och dyra.

1950-talet förde med sig nästa stora innovation: transistorn. Transistorn ersatte de klumpiga och opålitliga vakuumrören i datorer och möjliggjorde utvecklingen av mindre, kraftfullare och mer pålitliga maskiner. UNIVAC I, som släpptes 1951, var en av de första kommersiella datorerna och bidrog till att introducera datorteknik på affärsområdet. Denna era präglades av introduktionen av nya teknologier som fortsatte att driva datorutvecklingen framåt.

1970-talet var födelseperioden för mikroprocessorn. Intel 4004, som kom ut 1971, var den första kommersiellt tillgängliga mikroprocessorn och möjliggjorde utvecklingen av persondatorer (PC). Detta framsteg gjorde datorer tillgängliga för vardagsbruk och inledde en ny era av datoranvändning. Apple II, som släpptes 1977, var en av de första framgångsrika persondatorerna och erbjöd ett grafiskt användargränssnitt samt ett brett utbud av mjukvara.

1980-talet såg framväxten av IBM PC, som kom ut 1981 och satte standarden för PC-arkitektur. Microsoft

Slut med Windows!

Windows, som först släpptes 1985, bidrog väsentligt till spridningen av datorer genom att erbjuda ett användarvänligt grafiskt gränssnitt. Med internets intåg på 1990-talet upplevde världen ännu en revolution. World Wide Web, utvecklat av Tim Berners-Lee, möjliggjorde enkel tillgång till information och förändrade sättet människor kommunicerar och arbetar på.

I dagens läge har datorteknik genomträngt många områden av våra liv. Introduktionen av smartphones och surfplattor har gjort datoranvändningen mer mobil och allestädes närvarande. Enheter som iPhone, som lanserades 2007, har revolutionerat marknaden för mobil datoranvändning och förändrat hur vi interagerar med teknik. Molnberäkning har förenklat åtkomsten till kraftfulla beräkningsresurser och lagring, vilket förändrar hur företag och individer använder datorresurser.

Framtiden för datorteknik lovar ännu mer spännande utvecklingar. Artificiell intelligens (AI) gör det möjligt för maskiner att lära sig av data och utföra komplexa uppgifter, medan kvantdatorer vidgar gränserna för beräkningskraft och öppnar nya möjligheter för att lösa komplexa problem.

Datorns historia är en berättelse om kontinuerlig framsteg och innovation. Från den tidiga abacusen till dagens moderna enheter visar den hur teknologin har förändrat vår värld. Den ständiga utvecklingen av datorer erbjuder spännande möjligheter för framtiden och kommer fortsätta att ha en djupgående inverkan på våra liv. Det är fascinerande att se hur långt vi har kommit och vilka nya utvecklingar framtiden för datortekniken har att erbjuda.

35. Tack

Jag vill uppriktigt tacka dig för att du tagit dig tid att läsa min bok. Det var mycket viktigt för mig att utforma detta verk på ett sätt som jag själv skulle ha velat om jag hade köpt det. Varje avsnitt, varje sida och varje detalj har skapats med avsikten att ge dig ett verkligt värde och att presentera informationen på ett klart och förståeligt sätt.

Skapandet av denna bok var en långvarig process som har utvecklats över flera år. Många av texterna och artiklarna som du hittar i denna bok kommer från mina webbplatser som jag har drivit sedan 2010. Jag har alltid haft en passion för att skriva och har under åren publicerat otaliga artiklar och skrivit flera böcker. Dessa erfarenheter har inte bara format mig, utan också drivit mig att ständigt förbättras.

Under åren har jag fått mycket feedback – både positiv och kritisk. Dina meddelanden till kontakt@ralf-peter-kleinert.de har varit ovärderliga för mig. De har visat mig vad som fungerar bra och var det fortfarande finns utrymme för förbättring. Även om inte varje kritik har varit lätt att smälta, har de skarpaste kommentarerna inte fått mig att sluta skriva. Istället har de hjälpt mig att ständigt förfina och förbättra mitt arbete.

Jag vill be om ursäkt för eventuella fel eller brister i denna bok. Trots all omsorg vid forskning och skrivande kan misstag inträffa, och ibland kan informationen vara helt korrekt eller inte förmedlas som avsett. Jag är bara människa, och människor gör misstag – ibland ganska stort, om jag får säga så.

Om du stöter på något som är fel eller om något inte fungerar som det var tänkt, ber jag om ditt tålamod och förståelse. Din feedback är extremt viktig för mig, och jag inbjuder dig varmt att kontakta mig direkt eller lämna en recension på Amazon – även om den skulle vara mycket kritisk. Varje feedback hjälper mig att förbättra mitt arbete och göra framtida projekt ännu bättre.

Tack än en gång för ditt stöd och ditt intresse för min bok. Det betyder mycket för mig att du har gett dig ut på denna resa med mig. Jag hoppas att du har fått något värdefullt från boken och ser fram emot din feedback.

36. Andra böcker av mig

1. Computer und IT-Sicherheits-Fibel: Informationen, Tipps und Tricks für Computer-Einsteiger und Fortgeschrittene. E-bok direkt tillgänglig på Amazon: https://www.amazon.de/dp/B0D73XN1JS

2. Proxmox VE 8 Praxisbuch: kostenlose Virtualisierung für Profis. Boken erbjuder en introduktion som även är lämplig för nybörjare.
E-bok direkt tillgänglig på Amazon:
https://www.amazon.de/dp/B0CW19TM3N

37. Ansvarsfriskrivning

Informationen i denna bok är endast avsedd för allmänna informationsändamål. Jag lämnar ingen garanti för riktigheten, fullständigheten eller aktualiteten av det tillhandahållna innehållet. Eventuella åtgärder som vidtas baserat på informationen i denna bok sker på egen risk.

Jag ansvarar inte för några skador, förluster eller besvär som uppstår genom användning eller utebliven användning av informationen i denna bok. Detta inkluderar direkta, indirekta, tillfälliga, speciella, exempelvis eller följdskador.

Jag förbehåller mig rätten att när som helst utan föregående meddelande ändra eller uppdatera informationen i denna bok. Det är läsarens ansvar att kontrollera informationens aktualitet.

Denna ansvarsfriskrivning gäller för allt innehåll i denna bok, inklusive länkar till andra informationskällor som tillhandahålls av tredje part. Jag har ingen kontroll över innehållet och tillgången till dessa externa källor och tar inget ansvar för dem.

Användning av denna bok sker på egen risk och läsare

bör vidta egna åtgärder för att skydda sig mot virus eller andra skadliga element.

Ändringar och tryckfel förbehållna. 2024

Ralf-Peter Kleinert

www.ingramcontent.com/pod-product-compliance
Lightning Source LLC
Chambersburg PA
CBHW052242220526
45471CB00001B/150